केपलर

गुणाकर मुळे

राजकमल प्रकाशन
नयी दिल्ली पटना इलाहाबाद कोलकाता

ISBN : 978-81-267-0880-2

मूल्य : ₹ 95

पहला राजकमल संस्करण : 2004
पहली आवृत्ति : 2009
दूसरी आवृत्ति : 2014

प्रकाशक : राजकमल प्रकाशन प्रा. लि.
1-बी, नेताजी सुभाष मार्ग, दरियागंज
नई दिल्ली-110 002

शाखाएँ : अशोक राजपथ, साइंस कॉलेज के सामने, पटना-800 006
पहली मंजिल, दरबारी बिल्डिंग, महात्मा गांधी मार्ग, इलाहाबाद-211 001
36 ए, शेक्सपियर सरणी, कोलकाता-700 017

वेबसाइट : www.rajkamalprakashan.com
ई-मेल : info@rajkamalprakashan.com

आवरण : राजकमल स्टूडियो

मुद्रक : बी.के. ऑफसेट
नवीन शाहदरा, दिल्ली-110 032

KEPLER
by Gunakar Muley

अपनी बात

योहानेस केपलर (1571-1630 ई.) कोपर्निकस के बाद और न्यूटन के पहले हुए। कोपर्निकस ने पहली बार प्रमाणित किया कि सूर्य सौरमंडल के केंद्रभाग में स्थित है और पृथ्वी सहित सभी ग्रह उसकी परिक्रमा करते हैं। परंतु कोपर्निकस भी यही मानते थे कि सभी ग्रह वृत्ताकार मार्ग में सूर्य का चक्कर लगाते हैं।

केपलर संसार के पहले वैज्ञानिक हैं जिन्होंने स्पष्ट किया कि ग्रह वृत्तमार्ग में नहीं, बल्कि दीर्घवृत्तीय यानी अंडाकार कक्षाओं में सूर्य की परिक्रमा करते हैं। इतना ही नहीं, चंद्रमा-जैसे उपग्रह भी दीर्घवृत्ताकार कक्षाओं में ही अपने-अपने ग्रहों का चक्कर लगाते हैं। यह एक महान खोज थी। आगे जाकर केपलर ने ग्रहों की गतियों के बारे में तीन नियमों की खोज की, जिनके कारण उन्हें आधुनिक खगोल-भौतिकी का जनक माना जाता है। विज्ञान के इतिहास में केपलर के इन तीन नियमों का चिरस्थायी महत्व है।

केपलर मूलतः एक गणितज्ञ थे। उनका विश्वास था कि विधाता एक महान गणितज्ञ होना चाहिए।

ग्रहों की गतियों से संबंधित केपलर के तीन नियम पहले से तैयार नहीं होते, तो महान न्यूटन (1642-1727 ई.) का गुरुत्वाकर्षण का सिद्धांत हमें इतनी जल्दी उपलब्ध नहीं हो पाता। न्यूटन ने भी स्वीकार किया था : "मैंने जो कुछ पाया है वह दूसरे महान वैज्ञानिकों के कंधों पर खड़े होकर ही।" इन 'दूसरे महान वैज्ञानिकों' में एक प्रमुख वैज्ञानिक थे – केपलर।

महान वेधकर्ता ट्यूको ब्राए (1546-1601 ई.) और केपलर का मिलन खगोल-विज्ञान के इतिहास की एक अत्यंत महत्वपूर्ण घटना है। ट्यूको ब्राए का सूक्ष्म वेधकार्य उपलब्ध होने से ही केपलर ग्रहों की गतियों के अपने तीन नियम खोजने में समर्थ हुए। इसलिए पुस्तक में मैंने ब्राए के बारे में थोड़े विस्तार से जानकारी दी है।

केपलर का सारा जीवन कष्टों में गुजरा। उन्हें न तो माता-पिता से सुख मिला, न ही पत्नी से। जीवन-भर उन्हें जीविका के लिए इधर-उधर भटकना पड़ा। फिर भी, वे सतत आकाश के अध्ययन में जुटे रहे। उन्होंने अपने मृत्युलेख में लिखा भी है : "मैंने अपने जीवन में आकाश का मापन किया है; ... मेरा मस्तिष्क आकाश की उड़ान भरता था।"

यह "केपलर" पुस्तक मैंने लगभग पैंतीस साल पहले लिखी थी और तीन बार छपने के बाद पिछले कई सालों से अप्राप्य थी। अब मैंने इसे दोबारा लिखा, इसमें नई सामग्री का समावेश किया और अनेक नए चित्र जोड़े। पुस्तक की सुंदर कंप्यूटर-सज्जा का श्रेय राजकमल के श्री नरेश कुमार को है।

आशा है, विज्ञान के विद्यार्थी, और अध्यापक भी, "केपलर" के इस नए संशोधित संस्करण को प्रेरणाप्रद और उपयोगी पाएंगे।

–गुणाकर मुळे

'अमरावती'
सी-210, पांडव नगर, दिल्ली - 110092
20 जनवरी, 2004

आधुनिक खगोल-विज्ञान के तीन निर्माता

न्यूटन

केपलर

गैलीलियो

"मैंने जो कुछ पाया वह दूसरे महान वैज्ञानिकों के कंधों पर खड़े होकर ही !"

आइजेक न्यूटन (1642-1727 ई.)

1

किसी स्वच्छ रात्रि में आकाश की ओर तो देखो। आकाश के ये टिमटिमाते दीपक क्या हैं ? तुम शायद जानते हो कि ये दीपक नहीं हैं; असल में ये ग्रह हैं, तारे हैं, नीहारिकाएं हैं। और भी पता नहीं इस असीम आकाश में क्या-क्या है ! परंतु क्या तुमने यह जानने की कभी कोशिश की है कि आकाश के ये ग्रह-नक्षत्र हमसे कितनी दूर हैं ? इनकी गति क्या है ? ये आकाश में किस मार्ग पर यात्रा करते हैं ?

इस विश्व में कोई भी वस्तु स्थिर नहीं है। आकाश के ये ग्रह-नक्षत्र भी स्थिर नहीं हैं। ये सदैव गतिमान रहते हैं।

और फिर, तुमने आजकल के नकली चंद्रमाओं के बारे में तो जरूर ही कुछ पढ़ा-सुना होगा। अब तो आदमी भी आकाश की सैर करने लगा है, चंद्रतल पर टहलकर वापस लौटा है। क्या तुम जानते हो कि आदमी को आकाश में भेजने के पहले वैज्ञानिकों को क्या-क्या तैयारियां करनी पड़ती हैं ? राकेट को कितने वेग से ऊपर भेजना होगा, यह धरातल से कितना ऊपर

उठेगा, यह किस कक्षा में पृथ्वी की परिक्रमा करेगा, कितने वेग से परिक्रमा करेगा, आदि सवालों का हल पहले से ही जान लेना होता है।

यह सब कैसे संभव है ?

तुममें से शायद कोई कहे कि आइजेक न्यूटन (1642-1727 ई.) के गुरुत्वाकर्षण-सिद्धांत से बहुत-सी बातें जानी जा सकती हैं। ठीक है। परंतु ग्रहों या आजकल के कृत्रिम उपग्रहों की गतियों के बारे में सभी बातें केवल न्यूटन के गणित से ही जानना संभव नहीं है। यह सच है कि स्वयं न्यूटन संसार के एक महान गणितज्ञ थे। परंतु न्यूटन ने भी स्वीकार किया था, "मैंने जो कुछ पाया है वह दूसरे महान वैज्ञानिकों के कंधों पर खड़े होकर ही।"

संसार का एक बहुत बड़ा वैज्ञानिक जब यह स्वीकार करता है कि उसने जो कुछ पाया है वह सिर्फ उसका अपना नहीं है, बल्कि दूसरों की खोजों पर आधारित है, तब क्या तुम्हारे मन में यह कुतूहल पैदा नहीं होता कि न्यूटन जैसे महान वैज्ञानिक के 'गुरु' कौन थे ?

यूं तो कई नाम लिए जा सकते हैं, परंतु यदि हम केवल न्यूटन के गुरुत्वाकर्षण-सिद्धांत पर ही विचार करें तो बिना किसी संदेह के कहा जा सकता है कि गैलीलियो तथा केपलर के बिना न तो आज हमने न्यूटन का नाम सुना होता और न हमें इतनी जल्दी गुरुत्वाकर्षण जैसा महान सिद्धांत ही मिला होता। यही कारण है कि न्यूटन ने अपने पहले के वैज्ञानिकों का ऋण स्वीकार किया है।

गैलीलियो (1564-1642 ई.)

गैलीलियो (1564-1642 ई.) के बारे में तुमने अवश्य पढ़ा होगा। दूसरे महान वैज्ञानिक के बारे में तुम शायद अधिक नहीं जानते।

जिस दूसरे महान वैज्ञानिक ने न्यूटन जैसे महान वैज्ञानिक के जरिए हमें गुरुत्वाकर्षण का सिद्धांत दिया और ग्रहों की गतियों से संबंधित जिनके नियम आज अंतरिक्षयात्रा के लिए परमावश्यक माने जाते हैं, उनके बारे में जानने के लिए तुम जरूर उत्सुक होगे। वह कहां पैदा हुए थे, उनका बचपन कैसा बीता, उन्होंने ग्रहों की गतियों के नियमों की खोज कैसे की, आदि-आदि बातें।

तो आओ, हम और तुम मिलकर इन बातों का पता लगाएं ...।

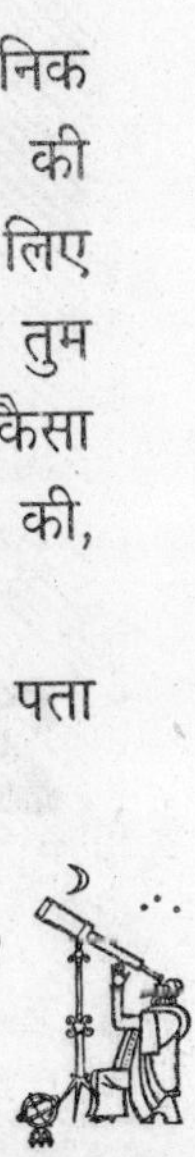

2

आज तो हम जानते हैं और सिद्ध भी कर सकते हैं कि हमारी पृथ्वी सौरमंडल का महज एक ग्रह है और यह सूर्य की परिक्रमा करती है। परंतु तुम्हें यह जानकर आश्चर्य होगा कि एक जमाना ऐसा भी था जब सामान्य लोग ही नहीं, बल्कि बड़े-बड़े ज्योतिषी भी यही मानते थे कि पृथ्वी स्थिर है और सूर्य ही इसकी परिक्रमा करता है !

टॉलमी (लगभग 150 ई.) अपने समय के एक महान ज्योतिषी थे। वे मिस्र के सिकंदरिया (अलेक्जेंड्रिया) नगर के निवासी थे। उन्होंने अपने यूनानी ग्रंथ 'सिंटेक्सिस' (अरबी अनुवाद में 'अल्मजिस्ती') में पृथ्वी को स्थिर मानकर सूर्य और अन्य ग्रहों को पृथ्वी की परिक्रमा करते हुए सिद्ध किया था। लगभग डेढ़ हजार वर्ष तक यूरोप के देशों में टॉलमी के सिद्धांत पत्थर की लकीर माने जाते थे। ईसाई धर्म भी इन सिद्धांतों का समर्थन करता था। करे भी क्यों नहीं ? इससे पृथ्वी को और इस पर बसने वाले मानव को विश्व में केंद्रीय महत्व जो प्राप्त होता है!

गैलीलियो की पुस्तक 'विश्व-व्यवस्था पर संवाद' का मुख पृष्ठ, जिसमें बाएं से दाएं क्रमशः अरस्तू, टॉलमी और कोपर्निकस को दिखाया गया है। टॉलमी के हाथ में जो गोल है उसमें पृथ्वी केंद्र में स्थित है। परंतु कोपर्निकस के हाथ में जो गोल है उसमें सूर्य केंद्र स्थान में है।

किंतु सत्य हमेशा के लिए छिपा नहीं रह सकता। आखिर यूरोप में एक ऐसा वैज्ञानिक पैदा हुआ जिसने सिद्ध कर दिखाया कि वास्तव में सूर्य ही स्थिर है, पृथ्वी तथा अन्य ग्रह इसकी परिक्रमा करते रहते हैं।

जानते हो वह वैज्ञानिक कौन था ?

वह थे निकोलाउस कोपर्निकस (1473-1543 ई.)। कोपर्निकस के सिद्धांत ने सारे यूरोप में तहलका मचा दिया। ईसाई धर्मावलंबी बौखला उठे। उस समय यूरोप में ईसाई धर्मगुरु राजा-महाराजाओं से भी अधिक शक्तिशाली थे। वे किसी का भी मुंह बंद कर सकते थे, किसी को भी कारावास में ठूंस सकते थे, किसी को भी मौत के घाट उतार सकते थे। कोपर्निकस को भी इन धर्मगुरुओं से भय था। इसलिए उन्होंने अपनी पुस्तक को अपने जीवनकाल में प्रकाशित न करने का

निश्चय किया। परंतु उनके एक मित्र ने पुस्तक प्रकाशित कर ही दी। बेचारे कोपर्निकस अपनी मृत्युशय्या पर ही अपने सिद्धांतों को पुस्तक के रूप में प्रकाशित देख पाए !

निकोलाउस कोपर्निकस
(1473-1543 ई.)

ईसाई धर्मगुरुओं ने कोपर्निकस की पुस्तक पर रोक लगा दी। जो कोई भी कोपर्निकस के सिद्धांत का प्रचार करता उसे ये धर्मगुरु कड़ा दंड देते थे।

परंतु सत्य, चाहे उसका लाख विरोध किया जाए, बहुत समय तक छिपा नहीं रह सकता। कोपर्निकस की पुस्तक को प्रकाशित हुए अभी पचास साल भी पूरे नहीं हो पाए थे कि जर्मनी के ट्यूबिंगेन विश्वविद्यालय का एक विद्यार्थी लुक-छिपकर बड़ी लगन से कोपर्निकस की पुस्तक का अध्ययन कर रहा था। विश्वविद्यालय से उपाधि प्राप्त कर लेने पर जब वह स्वयं गणित का अध्यापक बना, तब तो वह प्रकट रूप से अपने विद्यार्थियों को कोपर्निकस के सिद्धांत पढ़ाने लग गया था।

कौन था वह विद्यार्थी ? कौन था गणित का वह अध्यापक?

वह था : योहानेस केपलर !

3

यूरोप का एक देश जर्मनी। जर्मनी के दक्षिण-पश्चिम में वाइल नगर में 27 दिसम्बर, 1571 को योहानेस केपलर का जन्म हुआ था। योहानेस के पिता हाइनरिख़ तथा माता कैथरीन साधारण स्थिति के लोग थे। अपने पिता के बारे में खुद योहानेस ने स्पष्ट शब्दों में लिखा है :

"मेरे पिता हाइनरिख़ का जन्म 19 जनवरी, 1547 में हुआ था। ... यूं तो वे अत्यंत गरीब थे, परंतु धनी पत्नी मिलने के कारण उनकी स्थिति कुछ बेहतर हो गई थी। उन्होंने तोप दागने का अच्छा ज्ञान प्राप्त कर लिया था। उनके कई शत्रु थे और उनका पारिवारिक जीवन भी शांत नहीं था। वे किसी भी एक स्थान पर, या काम पर, अधिक दिनों तक टिके नहीं रह सकते थे। अपने इसी स्वभाव के कारण वे एक बार फांसी पर चढ़ने से बाल-बाल बचे थे। उन्होंने अपना मकान बेचकर एक शराबखाना खोल लिया था। एक बार बारूद के धड़ाके में उनका चेहरा ही जल-भुन गया!"

अपने पिता के बारे में योहानेस ने जो कुछ लिखा

योहानेस केपलर
(1571-1630 ई.)

है वह कितना दुःखदायक है ! तुम स्वयं कल्पना कर सकते हो कि ऐसे पिता के पुत्र को बचपन में क्या-क्या कष्ट सहने पड़े होंगे। तुम शायद सोचते होगे कि पिता न सही, माता से ही केपलर को प्यार जरूर मिला होगा। किंतु तुम्हें यह जानकर आश्चर्य होगा कि मां की ओर से भी केपलर को जीवन-भर सुख नहीं मिला।

हाइनरिख़ और कैथरीन के कुल छह बच्चे हुए। पहले तीन बच्चे बचपन में ही मर गए थे। चौथे थे, योहानेस। शेष दो बच्चे, ग्रेद्‌खेन और क्रिस्टफर, सामान्य स्वभाव के थे।

योहानेस बाल्यावस्था से ही कमजोर और बीमार था। उसके पैर कमजोर थे और उसकी आंखें भी बहुत कमजोर थीं। वह बहुत दूर की वस्तुओं को नहीं देख सकता था। साथ ही, उसकी आंखों में कुछ ऐसी खराबी थी कि एक वस्तु उसे दो दिखाई

देती थीं! बचपन से ही उसे पेट का रोग था और फोड़े-फुंसियां तो जैसे उसे विरासत में मिली थीं। उसने लिखा है कि वह बहुत देर तक एक ही स्थान पर बैठा नहीं रह सकता था और उसे बार-बार उठकर इधर-उधर टहलना पड़ता था।

योहानेस जब चार साल का था तो उसके पिता युद्ध पर चले गए थे। युद्ध से लौटकर आए तो अपनी पत्नी तथा बच्चों के साथ एक शहर से दूसरे शहर भटकते रहे। ऐसी स्थिति में भला बालक केपलर की पढ़ाई का क्या प्रबंध हो सकता था ? किसी स्कूल में नाम भी लिखाए तो दो-चार महीनों में पिता के कारण स्कूल छोड़ देना पड़ता। नौ से ग्यारह साल की उम्र तक तो योहानेस ने किसी स्कूल का मुंह ही नहीं देखा था। बेचारे को खेतों में कड़ा काम करना पड़ता था। इसीलिए उस समय के प्राथमिक लैटिन स्कूल की तीन वर्गों की पढ़ाई पूरी करने में उसे दोगुना समय लगा। इसका यह मतलब नहीं कि योहानेस की बुद्धि तेज नहीं थी। पर बेचारा करता क्या ? अंत में, तेरह साल की उम्र में, वह आडेलबर्ग के धार्मिक स्कूल में भर्ती हुआ।

बड़े होकर केपलर ने बचपन के अपने जीवन को डायरी के रूप में लिखा है। उन्हीं के शब्दों में उनके बचपन के बारे में तुमे कुछ जान लो तो अच्छा होगा :

"सन् 1575 में जब मैं चार साल का था तो चेचक की बीमारी से मरते-मरते बचा। मैं बहुत ही कमजोर था और मेरे हाथ भी काफी कमजोर थे। सन् 1577 में, अपने छठे जन्म-दिवस

पर, मेरी अपनी शैतानी से ही, मेरा एक दांत टूट गया। जब मैं चौदह-पंद्रह वर्ष का था, तो चमड़ी के नाना प्रकार के रोगों ने मुझ पर हमला किया और मेरा शरीर फोड़े-फुंसियों से लद-बद था। सन् 1577 में 4 अप्रैल को मुझे जोर का बुखार आया।... सन् 1589 में जब मैं 19 साल का था, तो मेरे सिर में जोर का दर्द शुरू हुआ और मेरे पैर भी लड़खड़ाने लगे थे..."

योहानेस को बचपन में, लगता है, सुख का एक दिन भी नसीब नहीं हुआ। उसके बचपन में हमें ऐसी कोई भी असाधारण बात नजर नहीं आती जिससे यह आशा की जा सके कि वह बाद में जाकर संसार का एक महान वैज्ञानिक बनेगा। जहां तक आकाश के ग्रह-नक्षत्रों का संबंध है, योहानेस ने अपनी नौ वर्ष की आयु की केवल एक छोटी-सी घटना का उल्लेख किया है :

"मेरे माता-पिता ने मुझे घर के बाहर बुलाया और चंद्र-ग्रहण दिखाया। मुझे वह लाल रंग का दिखाई दिया।"

यह सच है कि योहानेस को बचपन में सुख-सुविधाएं नहीं मिलीं, परंतु बाद में उसे एक बहुत अच्छे स्कूल में शिक्षा प्राप्त करने का मौका मिला। वुर्टेमबर्ग के ड्यूक ने प्रतिभावान विद्यार्थियों के लिए एक बढ़िया स्कूल खोला था। केपलर का यह सौभाग्य था कि उसे इस स्कूल में पढ़ने का अवसर मिला और बाद में ट्यूबिंगेन विश्वविद्यालय में। बीस वर्ष की आयु में ट्यूबिंगेन विश्वविद्यालय से उसने स्नातक की उपाधि प्राप्त की। उत्तीर्ण विद्यार्थियों में उसका नंबर दूसरा था।

इस बीच योहानेस के पिता घर तथा पत्नी को छोड़कर

कहीं दूर चले गए थे। उधर ही उनकी मृत्यु हो गई।

मां झगड़ालू स्वभाव की थीं। वह अपने सारे रिश्तेदारों से झगड़ने लगीं, पुत्र योहानेस से भी। इसलिए योहानेस भी मां से दूर ही रहना चाहता था।

ट्यूबिंगेन विश्वविद्यालय से पढ़ाई समाप्त करने के बाद चार वर्ष तक योहानेस केपलर धर्मशास्त्र का अध्ययन करते रहे। इसी बीच, ग्राट्ज विश्वविद्यालय में गणित तथा खगोल-विज्ञान का प्राध्यापक-पद स्वीकार करने के लिए केपलर को निमंत्रण मिला।

योहानेस केपलर
(1571-1630 ई.)

ग्राट्ज आस्ट्रिया के स्टाइरिया प्रांत की राजधानी थी। यहां का विश्वविद्यालय ईसाइयों के कैथोलिक संप्रदाय के अधिकार में था। सन् 1593 में जब वहां के गणित के प्राध्यापक की मृत्यु हुई, तो ट्यूबिंगेन विश्वविद्यालय से एक नए प्राध्यापक की मांग की गई। विश्वविद्यालय ने केपलर का नाम सुझाया।

अचानक मिले इस आमंत्रण से केपलर को आश्चर्य हुआ। आश्चर्य इसलिए कि केपलर एक ऐसे सिद्धांत की खुलेआम चर्चा करते थे जिसके अध्ययन और प्रचार पर ईसाई धर्म ने रोक लगा दी थी। यह था, कोपर्निकस का सिद्धांत। शुरू में तो उन्होंने सोचा कि ग्राट्ज विश्वविद्यालय का आमंत्रण

अस्वीकार कर दिया जाए। परंतु बाद में सोच-समझकर उन्होंने उसे स्वीकार कर लिया। सन् 1594 के अप्रैल महीने में केपलर ग्राट्ज पहुंचे। उस समय उनकी आयु 23 साल की थी।

उस जमाने में गणित और खगोल-विज्ञान पढ़नेवाले विद्यार्थियों की संख्या बहुत कम होती थी। इन विषयों को पढ़ने से किसी प्रकार के आर्थिक लाभ की आशा नहीं थी। केपलर की कक्षा में पहले साल थोड़े-से विद्यार्थी थे। परंतु दूसरे साल एक भी विद्यार्थी गणित और खगोल-विज्ञान पढ़ने नहीं आया ! इसमें केपलर का कोई दोष नहीं था। विश्वविद्यालय के अधिकारियों ने भी अपने नए प्राध्यापक को दोषी नहीं ठहराया। अपनी रिपोर्ट में उन्होंने कहा कि गणित पढ़ना सबके बस की बात नहीं है, इसलिए केपलर की कक्षा में यदि कोई विद्यार्थी न आए, तो इसमें उनका कोई दोष नहीं। विश्वविद्यालय ने उनका वेतन कायम रखने के लिए उन्हें लैटिन काव्य पढ़ाने की सलाह दी। लेकिन उनको जो वेतन मिलता था वह उनकी जीविका के लिए पर्याप्त नहीं था।

अतः ग्राट्ज में केपलर ने वार्षिक पंचांग बनाना शुरू किया और वे फलित-ज्योतिष की भविष्य-पत्रिकाएं भी तैयार करने लगे। वास्तव में फलित-ज्योतिष में उनका अपना कोई विश्वास नहीं था। फलित-ज्योतिष को वे गणित-ज्योतिष की 'सौतेली बेटी', 'भयानक अंधविश्वास' और 'बंदरों का खेल' ही समझते थे। उन्होंने कहा था, "फलित-ज्योतिष एक गधे की तरह है। जो आदमी गणित-ज्योतिष में रुचि रखता है और जिसका मस्तिष्क गणित की गणनाओं का अभ्यस्त होता है वह जब

फलित-ज्योतिष का सामना करता है, तो उसी तरह अड़ जाता है जिस तरह एक गधा। पिटाई करने पर ही वह कुछ आगे बढ़ सकता है !"

केपलर जब ग्राट्ज आए थे तब यह नहीं कहा जा सकता था कि गणित-ज्योतिष के प्रति उनकी कोई गहरी रुचि थी। परंतु यहां आने के एक साल बाद ही उनके विचारों में गहन परिवर्तन हुए और उन्होंने गणित और खगोल-विज्ञान को अपना जीवन अर्पित कर देने का निश्चय कर लिया।

इसी बीच केपलर के जीवन में एक अत्यंत महत्वपूर्ण घटना घटित हुई। तुम पूछोगे : कौन-सी घटना ?

तो सुनो ...

4

9 जुलाई 1595 ...

केपलर अपनी कक्षा में विद्यार्थियों को गणित पढ़ा रहे थे। साथ ही बोर्ड पर एक ज्यामितीय आकृति खींचकर विद्यार्थियों को समझा भी रहे थे। एकाएक वह रुक गए। रुके रहे। लेकिन क्यों ?

सोचो तो जरा।

उनके दिमाग में अचानक एक बात आई। उन्हें लगा कि विश्व के एक रहस्य की कुंजी उन्होंने खोज ली है !

अच्छा, वह आकृति कैसी थी ?

नीचे की आकृति को देखो :

सरल-सी आकृति है। एक त्रिभुज है, जिसके भीतर और बाहर वृत्त खींचे गए हैं। तुम सोचोगे : यह तो बड़ी सरल आकृति है। इसमें ऐसी कौन-सी बात है जिससे विश्व के किसी रहस्य का पता लग सके ?

इस रहस्य को समझने के लिए तुम्हें खगोल-विज्ञान के बारे में कुछ बातें जान लेनी जरूरी हैं। तो आओ, हम और तुम मिलकर उन बातों की जानकारी प्राप्त कर लें।

तुम जानते ही हो कि 1609 ई. में गैलीलियो ने संसार की पहली दूरबीन का उपयोग किया था। उसके पहले आकाश के ग्रह-नक्षत्रों का अवलोकन कोरी आंखों से किया जाता था। कोरी आंखों से आकाश में जो कुछ दिखाई देता है उसी को वास्तविक मान लिया जाता था। नंगी आंखों से आकाश में केवल पांच ग्रह ही दिखाई देते हैं – बुध, शुक्र, मंगल, बृहस्पति और शनि (इनके अलावा, प्राचीन काल में सूर्य और चंद्र को भी ग्रह मान लिया गया था। हमारे देश में तो काल्पनिक राहु-केतु को भी ग्रहों में शामिल किया गया था!), इसलिए खगोलविदों ने मान लिया था कि सौरमंडल में सिर्फ पांच ही ग्रह हैं।

आज हम जानते हैं कि सौरमंडल में ग्रहों की संख्या सिर्फ पांच नहीं, नौ है – पृथ्वी सहित। अधिक दूर के तीन ग्रह – यूरेनस, नेपच्यून और प्लूटो – केपलर के समय तक नहीं खोजे गए थे। प्लूटो ग्रह तो 1930 ई. में खोजा गया है।

हां, तो प्राचीन समय के ज्योतिषियों को आकाश के केवल पांच ग्रहों का ही ज्ञान था। कोपर्निकस (1473-1543 ई.) के

पहले तो ज्योतिषियों की यही मान्यता थी कि हमारी यह पृथ्वी विश्व के केंद्र में स्थित है और सूर्य तथा अन्य ग्रह इसकी परिक्रमा करते हैं। परंतु अब तुम जान ही चुके हो कि कोपर्निकस ने अपने प्रेक्षणों से सिद्ध कर दिया कि पृथ्वी सौरमंडल का एक सामान्य ग्रह है और दूसरे ग्रहों की तरह यह भी सूर्य की परिक्रमा करती है।

केपलर भी मानते थे कि सौरमंडल में, पृथ्वी सहित, सिर्फ छह ही ग्रह हैं। और, ये सारे ग्रह सूर्य की परिक्रमा करते हैं।

अब अगला प्रश्न है – सूर्य से इन ग्रहों की अलग-अलग दूरियां क्या हैं ? इनकी इन दूरियों में क्या कोई सुनिश्चित संबंध है ? जैसे, यदि सूर्य और बुध की दूरी एक हो, तो सूर्य और शुक्र की दूरी दो, सूर्य और पृथ्वी की दूरी तीन, सूर्य और मंगल की दूरी चार, और इसी प्रकार ...।

प्रेक्षणों से पता चला है कि ग्रहों में एक, दो, तीन जैसी दूरियों का सरल संबंध नहीं है।

तो किस प्रकार का संबंध है ?

ठीक यही प्रश्न केपलर के दिमाग में कई महीनों से मंडरा रहा था। उनका यह पक्का विश्वास था कि सूर्य और इन ग्रहों के बीच की दूरियों में कोई-न-कोई विशेष संबंध अवश्य है। और, जब उन्होंने किसी अन्य सवाल के लिए पीछे दी गई आकृति बोर्ड पर खींची, तो उनके दिमाग में सूर्य से ग्रहों की दूरियों का सवाल बिजली की तरह कौंध गया।

अब तुम उस आकृति को पुनः एक बार गौर से देखो। एक त्रिभुज और उसके भीतर और बाहर दो वृत्त। ठीक है

न ! अब कल्पना करो कि ये दो वृत्त किन्हीं दो ग्रहों के कक्षा-पथ हैं; अर्थात् सौरमंडल के कोई दो ग्रह इन दो वृत्तों पर चक्कर लगा रहे हैं। अब कल्पना करो कि इन दो वृत्तों के बीच त्रिभुज के बजाय एक चतुर्भुज है। निस्संदेह, वृत्त वही रहेंगे, किंतु इनका आकार बदल जाएगा। यहां पर त्रिभुज तथा चतुर्भुज समतल आकृतियां हैं। परंतु सोचो यदि त्रिभुज की जगह एक पिरामिड या चतुष्फलक (टेट्राहेड्रोन) और चतुर्भुज की जगह एक घनाकृति (क्यूब) लेकर इनके भीतर और बाहर गोल खींचे जाएं तो ?

पिरामिड और घनाकृति की विशेषताएं क्या हैं ? पिरामिड में चार फलक (चेहरे) होते हैं और इसका प्रत्येक फलक एक समभुज-त्रिभुज होता है। इसी प्रकार, घनाकृति में छह फलक होते हैं और इसका प्रत्येक फलक एक वर्ग होता है। पिरामिड और घनाकृति की दूसरी विशेषता यह है कि इनके भीतर इनके सभी फलकों को स्पर्श करता हुआ केवल एक ही गोल खींचा जा सकता है।

इनके बाहर भी इनके सभी शीर्षबिंदुओं को स्पर्श करता हुआ केवल एक ही गोल खींचा जा सकता है।

इस प्रकार के ठोसों को समठोस कहा जाता है। अब प्रश्न है, इस प्रकार के समठोसों की कुल संख्या कितनी है ? केपलर से लगभग 1800 वर्ष पहले यूनानी गणितज्ञों को यह पता था कि समठोसों की संख्या केवल पांच ही है। इनके नाम हैं :

1. पिरामिड या समचतुष्फलक (टेट्राहेड्रोन)
2. घन (क्यूब)
3. समअष्टफलक (ओक्टाहेड्रोन)

4. समद्वादशफलक (डोडेकाहेड्रोन)

5. समविंशतिफलक (आइकोसाहेड्रोन)

इनकी आकृतियां नीचे दी गई हैं :

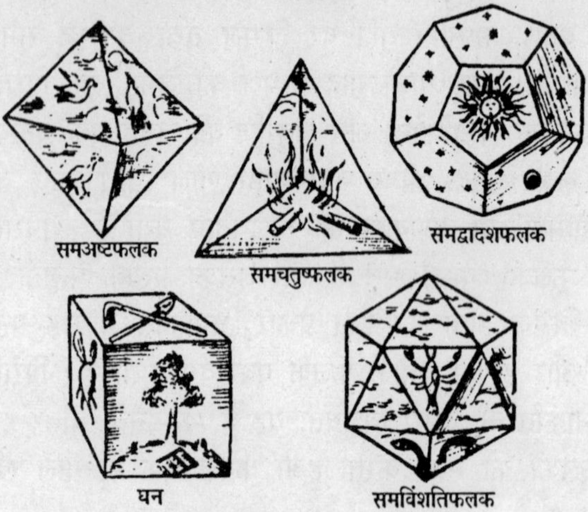

पांच समठोस और पृथ्वी-सहित छह ग्रह।

आई कोई बात समझ में ? नहीं ? तो देखो, केपलर के दिमाग में कौन-सी बात कौंध गई। उन्होंने उस समय तक ज्ञात छह ग्रहों (पृथ्वी-सहित) और इन पांच ठोसों का संबंध निम्न प्रकार से जोड़ा :

शनि का गोल

घन

बृहस्पति का गोल

समचतुष्फलक

मंगल का गोल
समद्वादशफलक
पृथ्वी का गोल
समविंशतिफलक
शुक्र का गोल
समअष्टफलक
बुध का गोल
सबसे भीतर का **केंद्रीय पिंड सूर्य**

छह ग्रह और पांच समठोस। सचमुच ही क्या यह एक रहस्य नहीं है कि केवल पांच ही समठोस हों और केवल छह ही ग्रह हों? केपलर को ही क्यों, किसी भी आदमी को यह संबंध रहस्यमय लग सकता है। केपलर का यह विश्वास था कि ईश्वर एक बहुत बड़ा गणितज्ञ है। इसलिए उन्होंने सोचा कि ईश्वर ने पृथ्वी-सहित केवल छह ग्रहों का ही निर्माण किया है और इन ग्रहों की दूरियों का संबंध पांच समठोसों के आधार पर निर्धारित किया है।

केपलर की खुशी का क्या कहना। उन्होंने स्वयं लिखा है, "इस खोज से मुझे जो खुशी हुई है उसे शब्दों में प्रकट नहीं किया जा सकता। मैंने जो समय बरबाद किया है उसका मुझे तनिक भी दुःख नहीं है। मैंने रात-दिन गणनाएं करके यह जानने की कोशिश की कि मेरी यह खोज कोपर्निकस की ग्रहों की कक्षाओं से मेल खाती है या नहीं।"

समठोसों के आधार पर केपलर ने सौरमंडल का जो प्रतिरूप

(मॉडल) तैयार किया, उसकी आकृति नीचे दी गई है। सबसे बाहर का गोल शनि का है। दूसरा गोल बृहस्पति का है। इन दोनों गोलों के बीच एक घनाकृति है। तीसरा गोल मंगल का

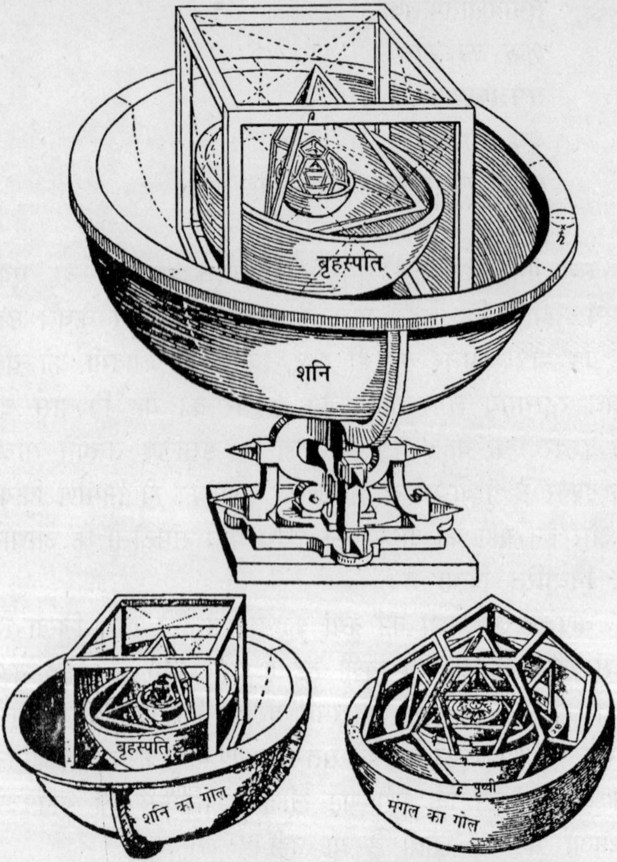

केपलर के सौरमंडल का प्रतिरूप (मॉडल)

है। मंगल और बृहस्पति के गोलों के बीच में पिरामिड (समचतुष्फलक) की आकृति है। इसी क्रम से समठोसों तथा ग्रहों के गोलों का संबंध जोड़कर केपलर ने सौरमंडल का एक प्रतिरूप तैयार किया।

अब तुम पूछोगे – क्या केपलर का यह प्रतिरूप सही है ?

नहीं। केवल छह ग्रहों के आधार पर बनाया गया यह प्रतिरूप कैसे सही हो सकता है, जबकि आज हम भलीभांति जानते हैं कि सौरमंडल में छह नहीं, बल्कि नौ ग्रह हैं ? इसके अतिरिक्त, किसी समय मंगल और बृहस्पति के बीच एक और ग्रह था, जो विखंडित हो गया है। आज छोटे-छोटे क्षुद्रग्रहों या

Prodromus

DISSERTATIONVM COSMOGRAPHICARVM,

continens

MYSTERIVM

COSMOGRAPHICVM

DE ADMIRABILI PROPORTIONE OR-
bium cœlestium: deque causis cœlorum numeri, magni-
tudinis, motuumque periodicorum ge-
nuinis & propriis,

Demonstratum per quinque regularia corpora Geometrica.

Libellus primum Tübingæ in lucem datus Anno Christi
M. D X C V I.

à

*M. IOANNE KEPLERO VVIRTEMBERGICO, TVNC TEMPO-
ris Illustrium Styriæ Prouincialium Mathematico.*

'मिस्टेरियम कॉज्मोग्राफिकम्' (ब्रह्मांड का रहस्य) का मुखपृष्ठ

लघुग्रहों के रूप में मंगल और बृहस्पति की कक्षाओं के बीच में उस ग्रह के अवशेष देखने को मिलते हैं।

किंतु केपलर का अटूट विश्वास था कि उन्होंने जो कुछ खोजा है वह सही है और ईश्वर की योजना के अनुसार है। आगे के कुछ वर्षों तक केपलर अपनी इस खोज को एक पुस्तक में लिखते रहे, जो 1597 ई. में प्रकाशित हुई। जानते हो उस पुस्तक का नाम क्या था ?

उस पुस्तक का नाम था : 'मिस्टेरियम कॉज्मोग्राफिकम्'; अर्थात्, 'ब्रह्मांड का रहस्य'।

केपलर की मान्यता थी कि उन्होंने ब्रह्मांड के एक रहस्य को जान लिया है। परंतु सचाई यह है कि उन्होंने जो कुछ खोजा था वह सही नहीं था। इसके यह माने नहीं हैं कि केपलर ने ब्रह्मांड के रहस्य की खोज नहीं की। उन्होंने सचमुच ब्रह्मांड के एक बहुत बड़े रहस्य की खोज की है, परंतु उनकी इस महान खोज के बारे में तुम आगे पढ़ोगे।

5

सन् 1597 में केपलर की पुस्तक 'ब्रह्मांड का रहस्य' जब प्रकाशित हुई, तो उनकी आयु 26 साल की थी। इसी वर्ष केपलर के जीवन में एक और महत्वपूर्ण घटना घटी।

कौन-सी घटना ?

इसी साल केपलर का विवाह हुआ। पत्नी का नाम था – बार्बरा म्यूलेक। बार्बरा की आयु 23 साल की थी और इससे पहले उसके दो विवाह हो चुके थे। वह एक धनी मिल-मालिक की बेटी थी। इस विवाह के लिए केपलर के कई मित्रों ने जोर दिया था। अंत में 27 अप्रैल, 1597 को बार्बरा के साथ केपलर का विवाह संपन्न हुआ। संयोग की ही बात समझो कि उसी दिन उन्हें अपनी प्रकाशित पुस्तक 'ब्रह्मांड का रहस्य' की प्रतियां देखने को मिलीं।

लेकिन तुमको यह जानकर शायद आश्चर्य होगा कि केपलर को अपनी पुस्तक प्रकाशित देखकर ज्यादा खुशी नहीं हुई। जानते हो क्यों?

उस जमाने में मुद्रक के खर्च की भरपाई करने

के लिए लेखक को अपनी ही पुस्तक की बहुत-सी प्रतियां खरीदनी पड़ती थीं। उस दिन केपलर को भी अपनी पुस्तक की दो सौ प्रतियां नकद पैसा देकर खरीदनी पड़ीं!

तुम जानना चाहोगे कि केपलर का विवाहित जीवन कैसा था। तो केपलर के ही शब्दों में सुनो :

“वह (बार्बरा) मूर्ख थी। हमेशा बीमार रहती थी। वह कुछ भी नहीं पढ़ती थी, कहानियां भी नहीं। बस दिन-रात प्रार्थना की पुस्तक को ही लिये रहती थी। वह बीमार रहती थी, इसलिए उसकी याददाश्त भी कमजोर थी। मैं जब उसे याद दिलाता या किसी बात की सलाह देता, तो वह क्रोध से पागल हो जाती थी; परंतु मैं इस बात का प्रयत्न करता कि वह किसी तरह शांत रहे।”

ऐसी थी केपलर की पत्नी ! केपलर को इतना पर्याप्त वेतन नहीं मिलता था कि वह अपने परिवार का खर्च आसानी से चला सके। कभी-कभी जब वेतन मिलने में देर हो जाती और केपलर अपनी पत्नी से पैसा मांगते, तो वह बौखला उठती थी। केपलर को वह अपने पैसे छूने तक नहीं देती थी ! दूसरी ओर, वह अपने बच्चों पर बड़ी उदारता से खर्च करती थी। विवाह के नौ महीने बाद ही केपलर के एक बच्चा हुआ, जो दो महीने बाद ही मर गया। दूसरी लड़की भी तीन महीने बाद गुजर गई। उसके बाद बार्बरा के तीन और बच्चे हुए, जिनमें से एक लड़का और एक लड़की ही जीवित रह पाए !

विवाह के चौदह वर्षों बाद बार्बरा की मृत्यु हुई। मृत्यु के समय उसकी आयु 37 वर्ष थी।

स्पष्ट ही है कि दांपत्य-जीवन में भी केपलर को सुख नसीब नहीं हुआ। पत्नी से भी सुख नहीं मिला और पांच बच्चे पैदा हुए तो उनमें से तीन बचपन में ही चल बसे। फिर भी, केपलर ने हिम्मत नहीं हारी। उन्हें विश्वास था कि दुनिया उनके आविष्कारों की कदर करेगी और उन्हें एक-न-एक दिन जरूर सम्मान प्राप्त होगा।

ट्यूको ब्राए (1546-1601 ई.)

हम तुमको ऊपर बता आए हैं कि सन् 1597 में 'ब्रह्मांड का रहस्य' पुस्तक प्रकाशित हुई। केपलर ने इस पुस्तक की अनेक प्रतियां यूरोप के प्रसिद्ध वैज्ञानिकों को भेजीं। उन वैज्ञानिकों में दो के नाम विशेष रूप से उल्लेखनीय हैं – गैलीलियो और ट्यूको ब्राए। गैलीलियो के बारे में तुम पहले ही पढ़ चुके हो। परंतु मेरा विश्वास है कि ट्यूको ब्राए (1546-1601 ई.) का नाम तुम्हारे लिए नया है। मगर यह जान

लो कि यदि केपलर ट्यूको ब्राए के संपर्क में न आते, तो वह भविष्य की अपनी महत्वपूर्ण खोजें न कर पाते। इसलिए यह जरूरी है कि तुम ट्यूको ब्राए के बारे में कुछ जरूरी बातें जान लो।

केपलर का जन्म एक गरीब घर में हुआ था, परंतु ट्यूको ब्राए ने एक बहुत धनी परिवार में जन्म लिया था। उनका जन्म 1546 ई. में हुआ था। इसका अर्थ यह है कि ट्यूको, केपलर से 24 साल बड़े थे। ट्यूको की प्रारंभिक शिक्षा भी बड़ी शान से हुई थी। कोपनहेगन (डेनमार्क की राजधानी) के प्रसिद्ध विश्वविद्यालय में उन्हें राजनीतिशास्त्र पढ़ने का अवसर मिला था। परंतु ट्यूको अपना अधिकतर समय आकाश के अध्ययन में ही लगाते थे। उन्होंने स्वयं कुछ बढ़िया खगोल-यंत्र भी तैयार कर लिए थे, जिनसे वे आकाश के ग्रह-नक्षत्रों का अवलोकन करते थे। एक घटना ने तो ट्यूको के जीवन-पथ को ही बदल दिया और उन्हें सारे यूरोप में एक महान खगोलविद के रूप में प्रसिद्धि मिली।

कौन-सी घटना ?

प्राचीन यूनान के दार्शनिक अफलातून (प्लेटो : लगभग 429-348 ई.पू.) और अरस्तू (अरिस्टॉटल : लगभग 384-322 ई.पू.) का विश्वास था कि आकाश आठ गोलों में बंटा हुआ है। केंद्र में पृथ्वी है और सबसे बाहर के आठवें गोले (आकाश) में स्थिर तारे हैं। बीच के गोलों (आकाशों) में सूर्य, चंद्र और अन्य ग्रह हैं। तारों वाले आठवें आकाश के बारे में प्राचीन

ज्योतिषियों की धारणा थी कि यह हमेशा ही स्थिर रहता है, इसमें किसी भी प्रकार का कोई परिवर्तन नहीं होता। विश्व की उत्पत्ति के दिन से ही यह कल्पित आठवां आकाश स्थिर माना गया था।

परंतु 11 नवंबर, 1572 को आकाश में एक अद्‌भुत घटना घटी। ट्यूको प्रयोगशाला से घर लौट रहे थे। एकाएक उन्होंने शुक्र ग्रह से भी अधिक चमकीला एक तारा आकाश में देखा। यह दृश्य इतना अद्‌भुत था कि ट्यूको को पहले तो अपनी आंखों पर विश्वास ही नहीं हुआ। सामान्यतः सूर्य और चंद्र के बाद आकाश में ऐसा कोई ग्रह-नक्षत्र नहीं है जो शुक्र ग्रह से अधिक तेज चमकता हो। परंतु यह नया तारा तो शुक्र ग्रह से भी अधिक चमकीला दिखाई दे रहा था। उत्तरी आकाश के शर्मिष्ठा (कैसियोपिया) तारा-मंडल में एक ऐसे स्थान पर यह 'नया तारा' प्रकट हुआ था जहां पहले कोई तारा नहीं था। ट्यूको के अलावा दूसरे ज्योतिषियों ने भी इस तारे को देखा था। पूरे नवंबर महीने में यह चमकीला बना रहा। इतना चमकीला कि दिन के समय में भी यह दिखाई देता था। दिसंबर महीने में इसकी चमक कुछ धीमी पड़ने लगी। परंतु यह उसी एक स्थान पर लगभग 18 महीने तक टिका रहा!

लोगों ने, और ज्योतिषियों ने भी, पहले कभी इस तरह का अद्‌भुत नजारा आकाश में नहीं देखा था। हां, इस तरह के तारे के प्रकट होने का उल्लेख यूनान के ज्योतिषी हिप्पार्कस (ईसा पूर्व दूसरी शताब्दी) ने किया था, परंतु वह घटना ईसा पूर्व 125 की थी। इतनी प्राचीन घटना में कौन विश्वास करता ?

और फिर, यूनान के दूसरे दार्शनिकों ने तो कह ही रखा था कि तारों के आठवें आकाश में कोई नई घटना नहीं घटित हो सकती। ऐसी स्थिति में हिप्पार्कस के नए तारे में भला कौन विश्वास करता ?

परंतु 11 नवंबर, 1572 को जो 'नया तारा' आकाश में प्रकट हुआ था, उसे हर कोई अपनी आंखों से देख सकता था। अविश्वास करने की कोई गुंजाइश नहीं थी।

सभी के सामने एक ही प्रश्न था – यह 'नया तारा' क्या है ? यदि यह तारों वाले आठवें आकाश में प्रकट हुआ है, तो

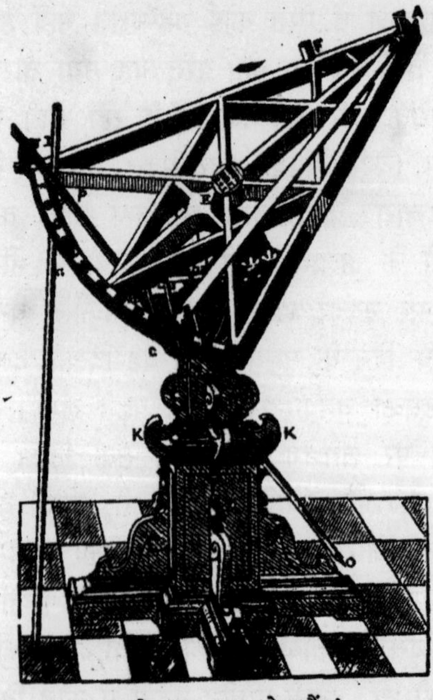

ट्यूको ब्राए का 'सेक्सटैंट'

अफलातून, अरस्तू तथा ईसाई धर्म की मान्यताएं झूठी ठहरती हैं। जो भी हो, खगोलविदों का यह कर्तव्य था कि वे इस नए तारे के बारे में खोजबीन करें।

तारे वास्तव में क्या हैं ? ग्रह, धूमकेतु और उल्का से एक तारे में यही फर्क होता है कि यह 'स्थिर' होता है। बस, यदि इसमें कोई गति है तो वह है पृथ्वी की दैनंदिन गति से आकाश के तारों में दिखाई देनेवाली दैनंदिन सहगति। आकाश में जब 'नया तारा' प्रकट हुआ, तो यूरोप के सारे खगोलविद यह जानने के लिए उतावले हुए कि यह तारा 'स्थिर' है या नहीं। यदि यह स्थिर है, तो यह स्वीकार करना पड़ेगा कि यह एक वास्तविक तारा है।

ट्यूको ब्राए अपने नए खगोल-यंत्रों को लेकर इस तारे की खोजबीन में जुट गए। उन्होंने एक नया यंत्र बनाया, जिसे आज हम 'सेक्सटैंट' के नाम से जानते हैं। अनेक महीनों के सूक्ष्म प्रेक्षणों से ट्यूको ने अंत में यह सिद्ध कर दिखाया कि आकाश की यह नई ज्योति वास्तव में एक तारा ही है। जिन खगोलविदों ने उसे धूमकेतु समझा उन्हें ट्यूको ने 'अंधे खगोलविदों' की उपाधि दी!

अपने प्रेक्षणों के विवरण को ब्राए ने एक पुस्तक में प्रकाशित किया। पुस्तक का नाम था –'द स्टेलानोवा', अर्थात् 'एक नवतारा'। इस पुस्तक में बहुत-सी अन्य बातों का भी विवरण है, परंतु इसके 27 पृष्ठों में ट्यूको के प्रेक्षणों तथा उन यंत्रों का विस्तृत विवरण है जिनसे उन्होंने इस नए तारे का अध्ययन किया था।

ट्यूको की यह खोज खगोल-विज्ञान के इतिहास की एक महत्वपूर्ण घटना है। इस 'नए तारे' ने सदियों पुरानी मान्यताओं को चकनाचूर कर दिया। अरस्तू का 'आठवां आकाश' और उसके स्थायी तारे लुप्त हो गए! अब लोगों ने स्वयं अपनी आंखों से देखा कि ईश्वर के बनाए हुए इस काल्पनिक आठवें आकाश के तारे ही सब कुछ नहीं हैं। आकाश में नए तारे भी जन्म ले सकते हैं।

ट्यूको ब्राए ने यह तो सिद्ध कर दिखाया कि आकाश की यह नई वस्तु एक तारा है; परंतु इस 'तारे' के भौतिक गुणधर्मों के बारे में उन्हें कुछ भी जानकारी नहीं थी। आज हम इस प्रकार के तारों को नवतारा (नोवा) कहते हैं। जब किसी तारे के बाहरी कवच में विस्फोट होता है, तो उसकी चमक कई हजार गुना बढ़ जाती है, जो कई दिनों तक कायम रहती है। खगोल-विज्ञान में ऐसे तारे को 'नवतारा' कहते हैं।

नवतारे के प्रकट होने से इस पुरानी मान्यता को जबरदस्त धक्का पहुंचा कि तारों की दुनिया अक्षय और अटल है।

6

नए तारे की तरह ही यूरोप के ज्योतिष-आकाश में भी अब ब्राए के रूप में एक नया सितारा जगमगा उठा था। ब्राए की कीर्ति डेनमार्क के राजा फ्रेडरिक-द्वितीय के कानों तक पहुंची। फ्रेडरिक ने ब्राए को अपने दरबार में आमंत्रित किया। राजा चाहते थे कि ब्राए उनके दरबार का राजज्योतिषी बने। वे उन्हें सब सुख-सुविधाएं देने को तैयार थे। पहले तो ब्राए आनाकानी करते रहे; परंतु बाद में उन्होंने फ्रेडरिक के दरबार का राजज्योतिषी होना स्वीकार कर लिया। 23 मई, 1576 की राजघोषणा के अनुसार, हुएन नामक द्वीप (कोपनहेगन और एल्सिनोर के बीच में) ब्राए को दान कर दिया गया और वहां एक भव्य वेधशाला का निर्माण करने के लिए राजकोष से उन्हें प्रचुर धन भी दिया गया। वह वेधशाला 'उरानीबर्ग वेधशाला' (आकाश-महल) के नाम से प्रसिद्ध हुई।

उरानीबर्ग वेधशाला में ग्रह-नक्षत्रों के अध्ययन के लिए ब्राए ने नाना प्रकार के ज्योतिष-यंत्रों का निर्माण किया। उनका उद्देश्य था : चंद्र, ग्रह तथा तारों की

दैनंदिन गतियों का सही-सही लेखा-जोखा अंकित कर देना। ब्राए ग्रह-नक्षत्रों का वेध बड़ी सूक्ष्मता से करते थे। उन्होंने आकाश के 777 तारों की स्थितियों का सूक्ष्म लेखा-जोखा तैयार किया। ब्राए से पहले इतनी बारीकी से तारों का अध्ययन किसी दूसरे खगोलविद ने नहीं किया था।

ब्राए सतत 20 वर्षों तक उरानीबर्ग वेधशाला में तारों की गति-स्थिति का अध्ययन करते रहे। अब ब्राए की आयु 51

उरानीबर्ग वेधशाला में वेधकार्य करते हुए ट्यूको ब्राए और उनके सहयोगी
(1587 ई. का चित्रांकन)

साल की हो चुकी थी। नए राजा से मतभेद हो जाने के कारण उन्होंने उरानीबर्ग छोड़ दिया। कुछ समय तक इधर-उधर भटकते रहने के बाद वे जून 1599 में प्राग नगर पहुंचे। प्राग में सम्राट रुडोल्फ-द्वितीय की राजधानी थी। रुडोल्फ ने ब्राए को अपना राज-गणितज्ञ नियुक्त किया।

तुम्हें याद होगा कि अभी तक हमारे केपलर भी ग्राट्ज में ही थे। ग्राट्ज में उनके बहुत-से विरोधी पैदा हो गए थे। केपलर अब वहां रहना नहीं चाहते थे। वह ब्राए की कीर्ति सुन चुके थे। उन्हें अपनी पुस्तक भी भेज चुके थे। अब वे ब्राए के सूक्ष्म प्रेक्षणों के बारे में सोचने लगे। वह सोचने लगे कि यदि उन्हें ब्राए के प्रेक्षणों का अध्ययन करने का अवसर मिले, तो वे ग्रहों की गतियों के लिए नियम खोजने के मार्ग पर आसानी से आगे बढ़ सकते हैं। वह ब्राए को पत्र लिखने लगे। ब्राए भी चाहते थे कि उन्हें केपलर जैसा कोई कुशल सहायक मिल जाए। उन्होंने 9 दिसंबर, 1599 को केपलर को लिखा :

"मुझे सम्राट ने बड़े आदर से यहां बुलाया है और अपना राजज्योतिषी नियुक्त किया है। मैं चाहता हूं कि तुम भी यहां चले आओ। तुम मुझे अपने मित्र के रूप में पाओगे। यहां पर तुम्हारी तथा तुम्हारे परिवार की सुख-सुविधा की व्यवस्था हो जाएगी।"

केपलर तो ब्राए से मिलने के लिए पहले से ही उतावले थे। ब्राए का यह पत्र ग्राट्ज पहुंचने के पहले ही वह उनसे मिलने प्राग

की ओर चल पड़े। ब्राए की वेधशाला प्राग के उत्तर में, 35 किलोमीटर दूर, बानाटेक के गढ़ में थी। ब्राए को जब पता चला कि केपलर प्राग पहुंच गए हैं, तो उन्होंने केपलर को लिखा :

"फौरन बानाटेक चले आओ। अतिथि बनकर मत आओ। आकाश के अवलोकन के लिए सहयोगी और मेरे एक अभिन्न मित्र बनकर आओ।"

हां, सहयोगी और अभिन्न मित्र। इसे संयोग ही समझो कि ब्राए ने उरानीबर्ग छोड़ दिया था और केपलर ने ग्राट्ज। यदि इन दो महापुरुषों की भेंट न होती, तो पता नहीं आज खगोल-विज्ञान किस हालत में होता। हम यह दावे के साथ कह सकते हैं कि यदि केपलर और ब्राए का मिलन न हुआ होता, तो हमें केपलर से ग्रहों की गति के नियम नहीं प्राप्त होते। और, यदि केपलर के नियम न्यूटन को ज्ञात न होते, तो उनसे हमें गुरुत्वाकर्षण का महान सिद्धांत भी न मिलता!

4 फरवरी 1600 ई.।

सोलहवीं सदी का अंतिम साल। स्थान : प्राग से 35 किलोमीटर दूर बानाटेक का प्रसिद्ध गढ़। ट्यूको ब्राए ने रुडोल्फ-द्वितीय की सहायता से यहां पर एक वेधशाला का निर्माण किया है। यहां 4 फरवरी, 1600 ई. को पहली बार ट्यूको और केपलर की ऐतिहासिक भेंट होती है।

अगस्त 1599 में ब्राए बानाटेक पहुंचे थे। छह महीने बाद, फरवरी 1600 में, केपलर भी वहां पहुंच गए। ब्राए की आयु 53 साल की थी और केपलर की 29 साल की। दोनों में 24 वर्षों का अंतर ! ब्राए धनी परिवार में पैदा हुए थे, तो केपलर

एक दरिद्र घर में। ब्राए डेनिश थे, तो केपलर मिश्रित जाति के। हर बात को लेकर उनमें असमानता थी। यही कारण है कि आए दिन दोनों में टकराव हो जाता था।

केपलर

परंतु दोनों का उद्देश्य एक ही था। वह उद्देश्य था, आकाश के रहस्यों का उद्‌घाटन। दोनों ही एक नई विश्व-व्यवस्था के सह-निर्माता थे।

केपलर ने बानाटेक में पहुंचने के बाद नए सिरे से काम शुरू किया। उन्हें मंगल ग्रह की कक्षा की जांच का काम सौंपा गया। उन्होंने यह दावा किया था कि वे केवल आठ दिनों में मंगल की गतियों की समस्याओं को सुलझाकर रख देंगे। तब केपलर को क्या पता था कि आठ दिन आठ वर्षों में बदल जाएंगे। परंतु आठ वर्ष मंगल से जूझते हुए केपलर ने जिन सिद्धांतों को जन्म दिया वे न केवल मंगल, बल्कि सभी ग्रहों तथा उपग्रहों की गतियों की समस्याओं को सुलझाकर रख देते हैं।

केपलर तथा ब्राए की मान्यताओं में एक बहुत बड़ा बुनियादी अंतर था। ब्राए कोपर्निकस की कदर करते थे, किंतु उनको विश्वास नहीं होता था कि पृथ्वी-जैसा विशाल पिंड भी सूर्य की परिक्रमा कर सकता है। दूसरी ओर, केपलर का यह पक्का विश्वास था कि कोपर्निकस का सिद्धांत सही है। अब उन्हें केवल एक काम करना था। उन्हें देखना था कि कोपर्निकस

का यह सिद्धांत ग्रहों के सूक्ष्म प्रेक्षणों की कसौटी पर सही उतरता है या नहीं। ग्रहों के प्रेक्षणों में केवल ब्राए ही उनकी मदद कर सकते थे। ब्राए के प्रेक्षणों पर उनकी अटूट आस्था थी। बानाटेक पहुंचने के कुछ दिनों बाद ही केपलर ने ब्राए के बारे में लिखा था :

"ट्यूको के पास ग्रह-नक्षत्रों की गति-स्थिति का सर्वोत्तम लेखा-जोखा है और इस प्रकार आकाश का एक नया भवन खड़ा करने के लिए उनके पास भरपूर सामग्री है। उनके पास अच्छे यंत्र हैं, अच्छे सहायक हैं; यदि कोई कमी है तो उस वास्तुविद की जो अपनी योजना के अनुसार एक नया भवन खड़ा कर सकता है। उनके मार्ग में यदि कोई बाधक चीज है तो वह है घटनाओं की बहुलता तथा विविधता। सत्य इतना गहन है कि उसे आसानी से खोजा नहीं जा सकता। और फिर, ब्राए अब वृद्ध हो चले हैं, उसकी शक्ति क्षीण होने लगी है।"

केपलर और ब्राए का साथ केवल 18 महीने तक रहा। 24 अक्टूबर, 1601 को ब्राए की मृत्यु हो गई।

6 नवंबर, 1601 को सम्राट ने केपलर को ब्राए का उत्तराधिकारी नियुक्त किया।

केपलर राजगणितज्ञ घोषित कर दिए गए!

7

केपलर 1601 से 1612 ई. तक, सम्राट रुडोल्फ-द्वितीय की मृत्यु के समय तक, प्राग में राजगणितज्ञ बने रहे। 12 वर्षों का यह काल केपलर के जीवन का सबसे महत्वपूर्ण काल था। इसी कालावधि में उन्होंने ग्रहों की गति के बारे में अपने प्रसिद्ध नियम खोजकर खगोल-विज्ञान को एक बहुत ऊंचे स्तर पर पहुंचा दिया।

केपलर के नियम खगोल से संबंधित उन सभी धारणाओं का खंडन करते हैं जो प्राचीन यूनानी काल से लगभग दो हजार वर्षों तक यूरोप के लोग मानते आए थे।

प्राचीन यूनानियों का यह विश्वास था कि प्रकृति के सभी नियम सरल होने चाहिए। प्रसिद्ध यूनानी दार्शनिक अरस्तू (384-322 ई.पू.) कहा करते थे कि प्रकृति में ऐसी कोई भी बात नहीं होती जो निरर्थक हो। उनका विश्वास था कि विश्व एक विशाल गोला है। विश्व में जो कुछ भी है वह सारा इस गोले के भीतर है। इस गोले के बाहर कुछ भी नहीं है। विश्व

अरस्तू (384-322 ई.पू.)

के केंद्र में पृथ्वी है, जो स्थिर है। पृथ्वी के बाहर जल, वायु, अग्नि, चंद्र, सूर्य तथा ग्रहों के गोल हैं। सबसे अंतिम गोल है, स्थिर तारों का।

केपलर के समय तक, यानी लगभग दो हजार वर्षों तक, आकाश के बारे में अरस्तू की ये धारणाएं पत्थर की लकीर समझी जाती रहीं !

आकाश से संबंधित यूनानी विचारकों की मान्यताओं को एक सूत्र में बांधकर सिकंदरिया (अलेक्जेंड्रिया, मिस्र) के प्रसिद्ध ज्योतिषी टॉलमी (लगभग 150 ई.) ने यूनानी भाषा में 'सिन्टैक्सिस' नामक ग्रंथ तैयार किया, जिसका अर्थ होता है

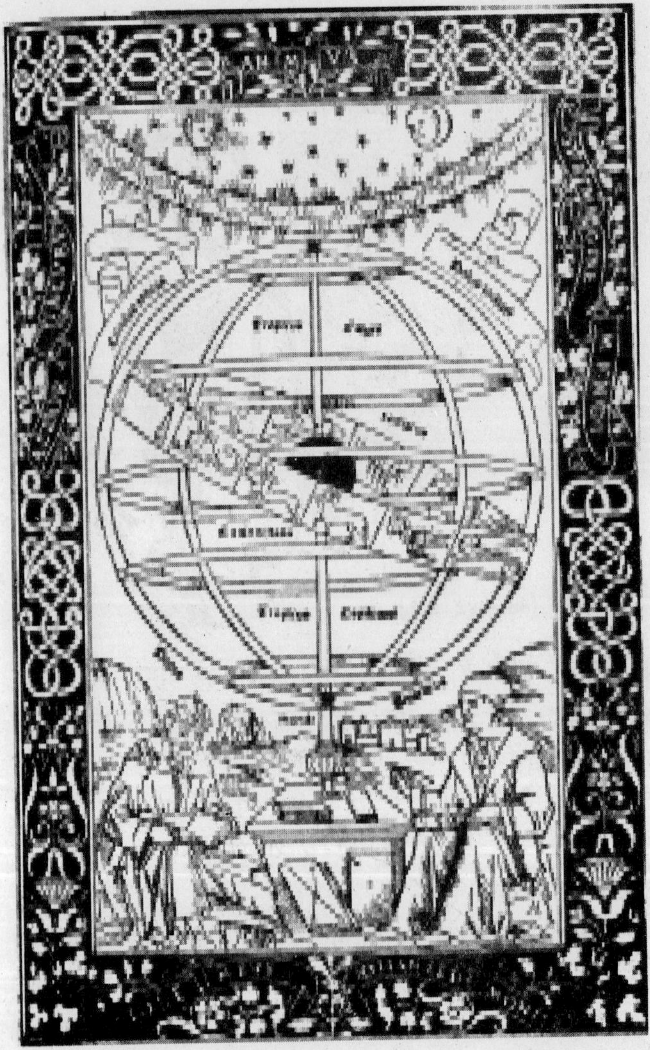

टॉलमी के 'अल्मजिस्ती' ग्रंथ के एक संस्करण का मुखपृष्ठ

– 'महान संग्रह'। अरबी भाषा में भी यह ग्रंथ 'अल्मजिस्ती' नाम से अनूदित हुआ था। बाद में इसका लैटिन भाषा में भी अनुवाद हुआ। यह ग्रंथ टॉलमी ने लगभग 140 ई. में लिखा

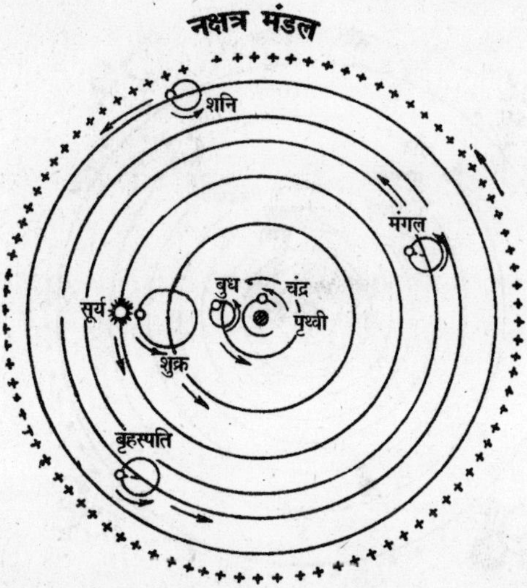

यूनानी तथा मध्ययुग के ज्योतिषियों के अनुसार विश्व की योजना

था। टॉलमी ने अधिचक्रों (एपीसाइकल्स) के आधार पर ग्रहों की गतियों का स्पष्टीकरण किया था। यह स्पष्टीकरण काम-चलाऊ था। अन्यथा टॉलमी की भी यही मान्यता थी कि पृथ्वी विश्व के केंद्र में स्थित है, और यह स्थिर है। पृथ्वी के बाहर क्रमशः चंद्रमा, बुध, शुक्र, सूर्य, मंगल, बृहस्पति और शनि के घेरे हैं।

टॉलमी के बारे में एक और बात जान लो। उनके

ज्योतिष-ग्रंथ का 'अल्मजिस्ती' के नाम से अरबी में अनुवाद हुआ, तो भारतीयों को भी उसकी जानकारी मिली। तब आमेर-जयपुर के राजा सवाई जयसिंह (1686-1743 ई.) के

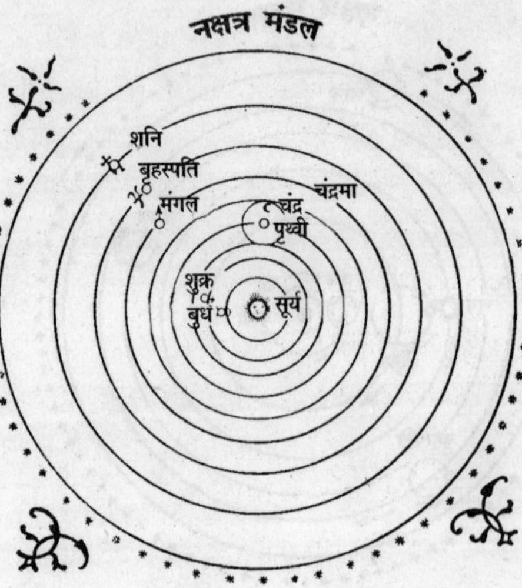

कोपर्निकस के अनुसार विश्व की योजना

राजज्योतिषी पंडित जगन्नाथ ने उसका अरबी से संस्कृत में अनुवाद किया और उसे नाम दिया – 'सिद्धांत-सम्राट'। लेकिन तब इस ग्रंथ का कोई उपयोग नहीं रह गया था। एक तो यह अनुवाद संस्कृत में था; दूसरे, तब तक यूरोप में कोपर्निकस और केपलर अपने नए सिद्धांत पेश कर चुके थे।

परंतु कोपर्निकस के समय तक, और अब केपलर के समय

तक भी, यूरोप में चारों ओर टॉलमी के सिद्धांत का ही बोलबाला था। कोपर्निकस के सूर्यकेंद्र वाले सिद्धांत को अभी तक पूरी मान्यता नहीं मिली थी। वास्तव में, कोपर्निकस के सिद्धांत में भी कई दोष थे। कोपर्निकस के सिद्धांत की सबसे बड़ी विशेषता यही थी कि उन्होंने पृथ्वी के स्थान पर सूर्य को विश्व का केंद्र माना। उनके सिद्धांत के अनुसार, विश्व के केंद्र में सूर्य स्थिर है। सूर्य के चारों ओर क्रमशः बुध, शुक्र, पृथ्वी, मंगल, बृहस्पति और शनि ग्रह परिक्रमा करते हैं। इन सबके बाहर स्थिर तारों का आकाश है। कोपर्निकस ने यह भी प्रतिपादित किया था कि जिस प्रकार पृथ्वी सूर्य की परिक्रमा करती है, उसी प्रकार चंद्रमा पृथ्वी की परिक्रमा करता है।

यहां तक तो कोपर्निकस का सिद्धांत सही था। अब सवाल है – हमारी पृथ्वी सहित ये सारे ग्रह किन कक्षाओं में सूर्य की परिक्रमा करते हैं ?

यूनानी दार्शनिक अरस्तू तो कह ही चुके थे कि आकाश के सारे पिंड वृत्त-मार्ग में पृथ्वी की परिक्रमा करते हैं। वास्तव में, अरस्तू को इस विश्व में सभी कुछ वृत्तमय दिखाई देता था। दूसरे लोग भी अरस्तू का ही अनुकरण करने लगे। ईसाई धर्म भी अरस्तू के सिद्धांत का ही समर्थक था। और फिर, आकाश के पिंडों के लिए वृत्त-मार्ग के अलावा अन्य कोई मार्ग क्या हो सकता है ? वृत्त की कल्पना एक सहज और स्वाभाविक कल्पना थी।

इसीलिए, कोपर्निकस ने जब अपना नया सिद्धांत प्रस्तुत किया तो ग्रहों तथा उपग्रहों की कक्षाओं के लिए उन्होंने वृत्तीय

मार्ग को ही अपनाया।

अब प्रश्न है – क्या ग्रह और उपग्रह सचमुच ही वृत्त-मार्ग में परिक्रमा करते हैं ?

उत्तर है : नहीं।

तुम पूछोगे : हमारी पृथ्वी और अन्य ग्रह ठीक-ठीक किस मार्ग में सूर्य की परिक्रमा करते हैं ? और फिर, हमारा चंद्र ठीक-ठीक किस मार्ग में पृथ्वी की परिक्रमा करता है ?

तुम्हारे इन प्रश्नों का उत्तर मैं नहीं, स्वयं केपलर देंगे। वे ही पहले वैज्ञानिक हैं जिन्होंने इन प्रश्नों का सही-सही उत्तर दिया।

तो आओ, हम पुनः केपलर की वेधशाला में चलें।

8

नई सत्रहवीं सदी का पहला वर्ष (1601 ई.)। खगोल-विज्ञान के आकाश का एक बहुत बड़ा नक्षत्र – ट्यूको ब्राए – लुप्त हो गया है।

तो क्या हुआ ? ट्यूको अपनी अमूल्य संपत्ति – अपने प्रेक्षणों का लेखा-जोखा और अपने खगोलीय यंत्र – केपलर के लिए छोड़ गए हैं। ब्राए के बाद केपलर राजगणितज्ञ नियुक्त हुए।

वास्तव में, राजगणितज्ञ होने से केपलर को उतनी प्रसन्नता नहीं थी, जितनी कि ट्यूको की धरोहर को हासिल करने से। इस बात में कोई संदेह नहीं कि यदि केपलर ब्राए के संपर्क में न आते और ब्राए की धरोहर उनके हाथ न लगती, तो वे ग्रहों की गतियों से संबंधित अपने नियमों की खोज न कर पाते। प्रथम दो नियमों की खोज करने के बाद 1609 ई. में केपलर ने जो पुस्तक प्रकाशित की उसके मुखपृष्ठ का शीर्षक था :

**कार्य-कारण संबंध पर आधारित नया खगोलशास्त्र
अथवा आकाश की भौतिकी, जिसकी खोज
मंगल ग्रह की गतियों के अध्ययन
से आरंभ हुई और जो महान
ट्यूको ब्राए के प्रेक्षणों
पर आधारित है**

शीर्षक से ही स्पष्ट हो जाता है कि केपलर का यह 'नया खगोलशास्त्र' मंगल ग्रह की गति के अध्ययन और ट्यूको ब्राए के प्रेक्षणों पर आधारित है। ट्यूको ने कहा था, "केवल मंगल की गति के अध्ययन से ही आकाश के रहस्यों का उद्घाटन संभव है। मंगल अपनी विचित्र गति के कारण सभी खगोलविदों को छकाता आया है।"

मंगल में ही ग्रहों की गति का रहस्य छिपा हुआ था। इसलिए तरुण केपलर ने उसी पर हमला करना आरंभ किया। भारतीय पुराणकथाओं में लाल रंग के मंगल को 'भौम' यानी पृथ्वी का पुत्र कहा गया है। मगर यूरोपीय भाषाओं में मंगल को 'मार्स' कहते हैं। रोमन आख्यानों के अनुसार, 'मार्स' युद्ध का देवता था।

केपलर 'युद्ध के देवता' से युद्ध करने में जुट गए। उनके शस्त्र थे : ट्यूको ब्राए के खगोल-यंत्र, अनुभव और सूक्ष्म प्रेक्षण।

विजय किसकी हुई ? युद्ध के देवता मार्स (मंगल) की या केपलर की ?

अंत में विजय केपलर की ही हुई। उन्होंने न केवल मंगल पर, बल्कि दूसरे सारे ग्रहों पर भी विजय प्राप्त कर ली।

कैसी विजय ?

केपलर ने सौरमंडल के सारे ग्रहों की गतियों को तीन नियमों में बांध दिया।

मैं जानता हूं कि तुम इन नियमों को जानने के लिए बेहद उतावले हो। तो सुनो। केपलर का पहला नियम है :

प्रत्येक ग्रह सूर्य की परिक्रमा वृत्त-मार्ग में नहीं, बल्कि दीर्घवृत्तीय (अंडाकार) मार्ग में करता है और सूर्य उस दीर्घवृत्त की एक नाभि (फोकस) पर स्थित रहता है।

अरस्तू का, और कोपर्निकस का भी, मत था कि ग्रह वृत्त-मार्ग में परिक्रमा करते हैं। परंतु केपलर का यह पहला नियम बता रहा है कि ग्रह वृत्त-मार्ग में नहीं, बल्कि दीर्घवृत्तीय मार्ग में परिक्रमा करते हैं।

तुम पूछोगे : यह दीर्घवृत्त क्या बला है ? और फिर, दीर्घवृत्त की नाभि क्या होती है ?

9

दीर्घवृत्त भी एक वक्र ही है। जैसा कि नाम से पता चलता है, यह वृत्त-जैसा ही होता है, परंतु कुछ दीर्घ अर्थात् अंडाकार होता है।

तुम कहोगे – वृत्त खींचना तो हमें आता है, परंतु दीर्घवृत्त कैसे खींचा जाएगा ?

तो सुनो। लेकिन पहले एक धागा, एक कागज, दो पिन और एक पेंसिल अपने पास ले लो। कागज पर, मान लो कि चार सेंटीमीटर की दूरी पर, उन दो पिनों को गाड़ दो। फिर चार सेंटीमीटर से कुछ बड़े धागे का एक टुकड़ा लेकर उसके दोनों सिरों को उन दो पिनों से बांध दो। अब एक पेंसिल लेकर उस धागे को तानते हुए धीरे-धीरे चारों ओर कागज पर घुमाओ। दीर्घवृत्त तैयार हो जाएगा। यदि दीर्घवृत्त खींचने में तुम्हें कोई कठिनाई मालूम पड़े तो नीचे की आकृति को देखने पर तो तुम आसानी से दीर्घवृत्त खींच लोगे।

आकृति में जहां पिन गड़े हुए हैं उन बिंदुओं को दीर्घवृत्त की नाभियां कहते हैं। **न**$_1$ और **न**$_2$, दोनों इस दीर्घवृत्त की नाभियां हैं। पेंसिल की नोकवाला बिंदु

प है। यही बिंदु दीर्घवृत्त का पथ खींचता है। तुम देखोगे कि **न$_1$प** और **न$_2$प**, इन दोनों दूरियों को जोड़ने पर जो योग प्राप्त होता है वह हमेशा स्थिर रहता है, क्योंकि दीर्घवृत्त खींचते समय

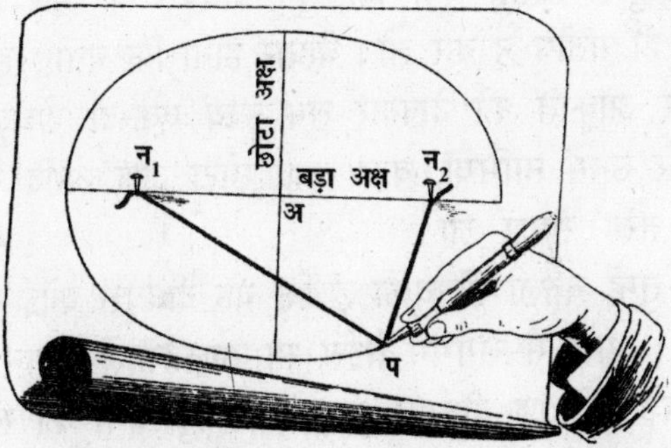

पूरे धागे की लंबाई एक-सी रहती है। अन्य शब्दों में, यदि तुम दीर्घवृत्त पर कहीं भी कोई बिंदु लेकर उसे दोनों नाभियों से जोड़ते हो, तो उन दोनों दूरियों का जोड़ हमेशा एक-सा ही मिलेगा। दीर्घवृत्त की यही मुख्य विशेषता है। किन्हीं भी दो नाभियों का चुनाव कर लेने पर धागे की दूरी ही दीर्घवृत्त के आकार को निर्धारित करती है। दीर्घवृत्त का आकार नाभियों के बीच की दूरी पर भी निर्भर करता है। यदि दोनों नाभियों को एक ही स्थान पर रखा जाए, अर्थात् दो पिनों के बजाय एक ही पिन लेकर उपर्युक्त तरीके से वक्र खींचा जाए, तो वह एक वृत्त होगा।

इस दीर्घवृत्त की दोनों नाभियों को जोड़ते हुए यदि एक

सीधी रेखा खींची जाए तो वह बड़ा अक्ष (मेजर एक्सिस) कहलाती है। दोनों नाभियों के मध्य बिंदु से बड़े अक्ष से समकोण बनाती हुई एक सीधी रेखा खींची जाए तो वह छोटा अक्ष (माइनर एक्सिस) कहलाती है।

मैं तुम्हें सलाह दूंगा कि तुम दीर्घवृत्त के बारे में केवल पढ़कर ही संतोष न कर लो। बेहतर होगा कि बताए हुए तरीके से और आकृति को देखकर तुम स्वयं एक-दो दीर्घवृत्त खींच लो और उनमें नाभियों, बड़ा अक्ष, छोटा अक्ष आदि बातों को अच्छी तरह समझ लो।

मैं तुम्हें बतला ही चुका हूं कि यह दीर्घवृत्त कोई नई चीज नहीं है। आज से लगभग तेईस सौ साल पहले यूनान के एक बहुत बड़े गणितज्ञ दीर्घवृत्त तथा इसके गुणधर्मों की खोज कर चुके थे। तुम पूछोगे : क्या था उस गणितज्ञ का नाम ?

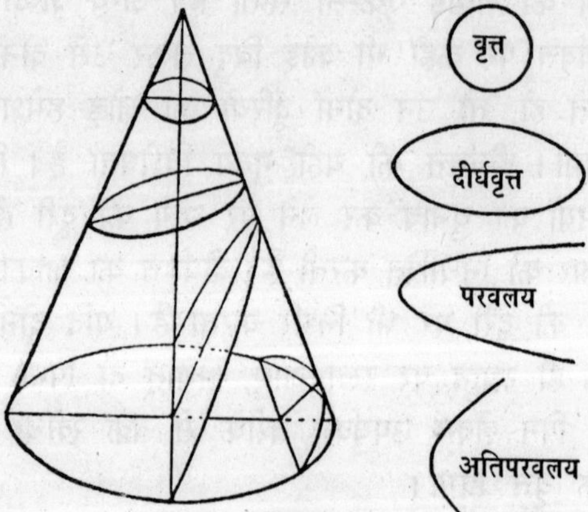

शांकव

उस गणितज्ञ का नाम था—एपोलोनियस (लगभग 262-200 ई.पू.)। वास्तव में, एपोलोनियस ने अकेले दीर्घवृत्त की ही खोज नहीं की थी। तुम जान ही चुके हो कि दीर्घवृत्त तथा वृत्त में कोई बहुत बड़ा अंतर नहीं है। दोनों वक्र एक ही परिवार के दो सदस्य हैं। वास्तव में, वक्रों के इस परिवार में और भी दो सदस्य हैं जिन्हें परवलय (पैराबोला) और अतिपरवलय (हाइपरबोला) कहते हैं।

एपोलोनियस ने जब इन वक्रों की खोज की थी, तब उन्हें स्वयं भी यह पता नहीं था कि प्रकृति के किसी नियम के लिए इन वक्रों का इस्तेमाल हो सकता है। उनकी तो यह महज एक दिमागी खोज ही थी। केपलर के पहले किसी को भी यह अंदाज नहीं था कि प्रकृति में ऐसी भी कोई चीज हो सकती है जो दीर्घवृत्तीय मार्ग में यात्रा करती है।

केपलर के पहले सभी खगोलविद यही मानते थे कि ग्रह और उपग्रह वृत्त-मार्ग में परिक्रमा करते हैं। परंतु केपलर ने देखा कि वृत्त-मार्ग वाला यह सिद्धांत सही नहीं है। वह ऐसे मार्ग अर्थात् वक्र की खोज करने लगे जिस पर चलकर ग्रहों का प्रेक्षण सही-सही साबित हो सके। उन्हें एपोलोनियस की याद आई और याद आई उनके दीर्घवृत्त की। जब उन्होंने पुनः गणनाएं करके देखा तो सही पाया कि ग्रह दीर्घवृत्तीय मार्ग में ही सूर्य की परिक्रमा करते हैं।

कितने आश्चर्य की बात है कि गणित तो शताब्दियों पहले से तैयार था, परंतु भौतिक-जगत के नियमों के लिए उसका उपयोग बहुत बाद में जाकर हुआ! यदि एपोलोनियस का

गणित पहले से तैयार न होता, तो ग्रहों की कक्षाएं निर्धारित करना केपलर के लिए इतना आसान न होता। सच बात तो यह है कि नए भौतिक सिद्धांत के लिए गणित प्रायः पहले से ही तैयार रहता है।

केपलर ने एपोलोनियस के शुद्ध गणित का पहली बार भौतिक-जगत के लिए उपयोग किया। हम यह भी कह सकते हैं कि केपलर के हाथों दीर्घवृत्त जीवित हो उठा ! कागज पर खींचा हुआ दीर्घवृत्त आकाश के ग्रहों तथा उपग्रहों का मार्ग बन गया !

अब तुम भलीभांति समझ गए होगे कि दीर्घवृत्त क्या है। अब हम देखेंगे कि केपलर ने अपने पहले और दूसरे नियम की खोज कैसे की।

10

ग्रहों की गति के बारे में केपलर के पहले दो नियम हैं :

❊ ग्रह सूर्य की परिक्रमा वृत्त में नहीं, दीर्घवृत्तीय कक्षा में करते हैं और इस दीर्घवृत्त की एक नाभि (फोकस) पर सूर्य स्थित रहता है।

❊ सूर्य के केंद्र और किसी ग्रह के केंद्र को मिलानेवाली कल्पित रेखा द्वारा निर्मित क्षेत्रफल और समय में निश्चित संबंध होता है।

स्वयं केपलर ने अपने ग्रंथ 'नया खगोलशास्त्र' में लिखा है :

"प्रिय पाठको ! तुम्हें ये गणनाएं देखकर कुछ अजीब-सा लगता होगा; परंतु तुम्हें मुझ पर दया आएगी जब तुम यह जानोगे कि अंतिम सही हल पर पहुंचने के लिए मुझे कम-से-कम 70 बार गणनाएं करनी पड़ी हैं। तुम्हें यह जानकर और भी अधिक आश्चर्य होगा कि मंगल से जूझते हुए पांच वर्ष का लंबा अरसा गुजर गया !"

केपलर को अपने प्रथम नियम का हल खोजने के

लिए पूरे दो वर्ष का समय लगा था। अंत में वह इस निर्णय पर पहुंचे कि मंगल ग्रह की कक्षा एक वृत्त नहीं, बल्कि एक अंडाकार वक्र है।

अंडाकार वक्र किस प्रकार का होता है, यह तुम जान ही चुके हो। इसी अंडाकार वक्र को गणित की भाषा में दीर्घवृत्त (इलिप्स) कहते हैं।

केपलर ने ग्रहों की कक्षाओं के लिए दीर्घवृत्त की खोज किस प्रकार की, इसकी कहानी भी बड़ी रोचक है। ब्राए के प्रेक्षणों पर केपलर का अटूट विश्वास था। जब उन्होंने मंगल के लिए एक वृत्तीय कक्षा की कल्पना की, तो उन्होंने देखा कि ब्राए के प्रेक्षणों में और कल्पित कक्षा में 8 मिनटों के चाप (आर्क) का अंतर पड़ता है।

तुम पूछोगे, ये 8 मिनट क्या हैं ?

किसी भी वृत्त को 360 भागों में विभाजित करने की प्रथा है। इनमें से प्रत्येक भाग को एक 'अंश' कहते हैं। एक अंश के 60 छोटे-छोटे भाग किए जाते हैं। इन्हें 'मिनट' कहते हैं। फिर एक मिनट के भी 60 और छोटे-छोटे भाग किए जाते हैं, जिन्हें 'सेकंड' कहते हैं। ये सब विभाजन कोणों में मापे जाते हैं।

हां, तो हम पहले कह आए हैं कि केपलर द्वारा कल्पित कक्षा में और ब्राए द्वारा निर्धारित प्रेक्षणों में 8 मिनटों के चाप का अंतर पाया गया। केपलर के स्थान पर दूसरा कोई होता तो सहज ही कल्पना कर लेता कि यह 8 मिनटों के चाप का अंतर ब्राए के प्रेक्षणों में हुई गलती के कारण है। परंतु ब्राए

केपलर : दीर्घवृत्त का अध्ययन करते हुए

की सूक्ष्म प्रेक्षण-विधि से केपलर भलीभांति परिचित थे। वे स्वप्न में भी यह मानने को तैयार नहीं थे कि ब्राए अपने प्रेक्षण में

ऐसी गलती कर सकते हैं। उन्होंने सोचा कि गलती यदि कहीं है तो उनकी अपनी कल्पित कक्षा में ही है।

और, इस 8 मिनट के कोणीय अंतर से मंगल की सूर्य से महत्तम दूरी में कितना फर्क पड़ता था ?

सूर्य-मंगल दूरी का केवल 429/1,00,000 वां भाग ! सूर्य से मंगल ग्रह की औसत दूरी लगभग 23 करोड़ किलोमीटर है।

आज तो हम यह निश्चित रूप से जानते हैं कि सभी ग्रह दीर्घवृत्तीय कक्षाओं में ही सूर्य की परिक्रमा करते हैं। वास्तव में, पृथ्वी की कक्षा के लिए एक कागज पर यदि दीर्घवृत्त खींचा जाए, तो यह वृत्त-सा ही दिखाई देगा। इस दीर्घवृत्त और असली वृत्त में इतना सूक्ष्म अंतर होगा कि वह आंखों से स्पष्ट नहीं हो सकता। यदि हम एक ऐसा दीर्घवृत्त खींचें जिसका बड़ा अक्ष 100 मीटर हो और छोटा अक्ष 99½ मीटर हो, तो वह पृथ्वी की कक्षा का दीर्घवृत्त होगा। इससे तुम जान जाओगे कि पृथ्वी की कक्षा के दीर्घवृत्त में और वास्तविक वृत्त में कोई विशेष अंतर नहीं है।

फिर भी, जहां तक गणित का प्रश्न है, वृत्त, वृत्त है और दीर्घवृत्त, दीर्घवृत्त। कागज पर वृत्त और दीर्घवृत्त का फर्क भले ही कोई विशेष महत्व न रखता हो, परंतु आकाश के विशाल पैमाने पर यह फर्क बड़े महत्व का है।

अंत में केपलर ने यह सिद्ध कर दिखाया कि ग्रहों की कक्षाएं वृत्तीय न होकर दीर्घवृत्तीय हैं। अरस्तू और दूसरे अनेक खगोलविदों की धारणाएं झूठी सिद्ध हुईं।

आज हम कृत्रिम उपग्रहों और अंतरिक्षयानों को आकाश

में भेज रहे हैं। हम मानव को भी अंतरिक्ष में भेज रहे हैं। कृत्रिम उपग्रह और अंतरिक्षयान काफी ऊंचाई पर पहुंचकर पृथ्वी की परिक्रमाएं करते हैं।

तुम पूछोगे – तो क्या ये कृत्रिम उपग्रह और अंतरिक्षयान भी दीर्घवृत्तीय मार्ग में ही पृथ्वी की परिक्रमा करते हैं ?

हां, ये सभी दीर्घवृत्तीय कक्षा में ही पृथ्वी की परिक्रमा करते हैं। इन्हें आकाश में भेजने के पहले वैज्ञानिक पहले से ही इनकी दीर्घवृत्तीय कक्षा की गणना कर लेते हैं। वे पहले से ही गणना कर लेते हैं कि कृत्रिम उपग्रह या अंतरिक्षयान पृथ्वी की परिक्रमा करते हुए किस समय पृथ्वी से कितनी ऊंचाई पर रहते हैं।

सच तो यह है कि आकाश के सभी ग्रह दीर्घवृत्तीय कक्षा में ही पृथ्वी की परिक्रमा करते हैं। हमारा चंद्रमा, जो पृथ्वी का एक उपग्रह है, दीर्घवृत्तीय कक्षा में पृथ्वी की परिक्रमा करता है। दूसरे ग्रहों के अपने-अपने उपग्रह हैं। वे उपग्रह भी अपने-अपने ग्रहों की दीर्घवृत्तीय कक्षाओं में ही परिक्रमा करते हैं। इसके अलावा, इस सौरमंडल में अनेक धूमकेतु भी हैं। ये धूमकेतु भी सूर्य की परिक्रमा दीर्घवृत्तीय कक्षाओं में ही करते हैं।

अब हम केपलर के दूसरे नियम पर विस्तार से विचार करेंगे।

11

केपलर के दूसरे नियम को जानने के पहले दीर्घवृत्त के बारे में कुछ और बातें जान लो। नीचे की आकृति पर विचार करो :

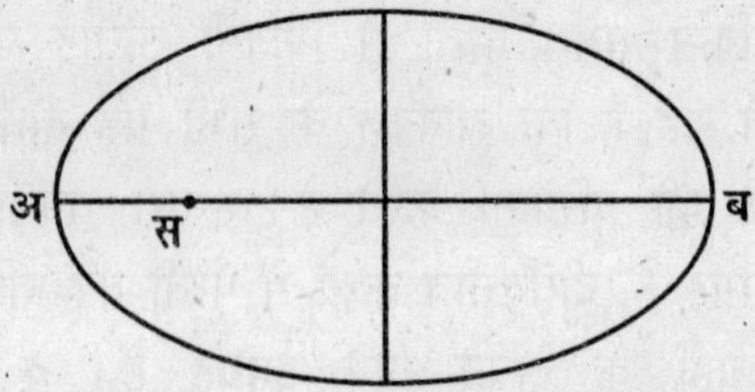

यह दीर्घवृत्त है। पृथ्वी या किसी अन्य ग्रह के लिए यदि पैमाने के अनुसार ठीक दीर्घवृत्त खींचा जाए, तो वह वृत्त-सा ही दिखाई देगा। इसलिए हमने एक ऐसा दीर्घवृत्त खींचा है जिसमें ग्रहों की गति के नियम आसानी से समझ में आ सकें। तुम देखोगे कि इसकी एक नाभि (फोकस) पर सूर्य (**स**) स्थित है। स्पष्ट ही है कि सूर्य दीर्घवृत्त के केंद्रबिंदु या मध्यबिंदु पर स्थित नहीं है। दीर्घवृत्त का बड़ा अक्ष (मेजर एक्सिस) सूर्य से, अर्थात् दीर्घवृत्त की नाभि से, गुजरता है।

आकृति को देखने से ही स्पष्ट हो जाता है कि सूर्य से दीर्घवृत्त के बड़े अक्ष का एक सिरा दूसरे सिरे से अधिक नजदीक है। अर्थात्, **सअ** दूरी **सब** दूरी से कम है।

आकाश में ग्रहों की गति के प्रेक्षणों से पता चलता है कि ग्रहों की गति एक-सी नहीं रहती। कभी यह तेज रहती है, तो कभी धीमी। इसका कारण क्या है?

केपलर के समय तक गुरुत्वाकर्षण के सिद्धांत की खोज नहीं हुई थी। फिर भी, केपलर ने यह अनुमान लगाया था कि सूर्य में ऐसी कोई शक्ति अवश्य होनी चाहिए जो इन ग्रहों की गति को नियंत्रित करती है। उन्होंने देखा कि ग्रह जब सूर्य के नजदीक पहुंचते हैं, तब इनकी गति बढ़ जाती है। और, जब ये सूर्य से दूर चले जाते हैं, तब इनकी गति धीमी होती है।

केपलर सोचने लगे कि ग्रहों की इस धीमी और तेज गति के लिए कौन-सा नियम हो सकता है ? अंत में उन्होंने एक नियम खोज ही निकाला। केपलर का यह नियम हमें बतलाता है :

सूर्य के केंद्र और किसी ग्रह के केंद्र को मिलानेवाली कल्पित रेखा द्वारा निर्मित क्षेत्रफल और समय में एक निश्चित संबंध होता है।

केपलर के इस नियम को समझने के लिए अगले पृष्ठ की आकृति पर विचार करो :

सूर्य भीतर की एक नाभि पर स्थित है। मान लो कि पृथ्वी, मंगल या अन्य कोई ग्रह दीर्घवृत्तीय कक्षा में सूर्य की परिक्रमा

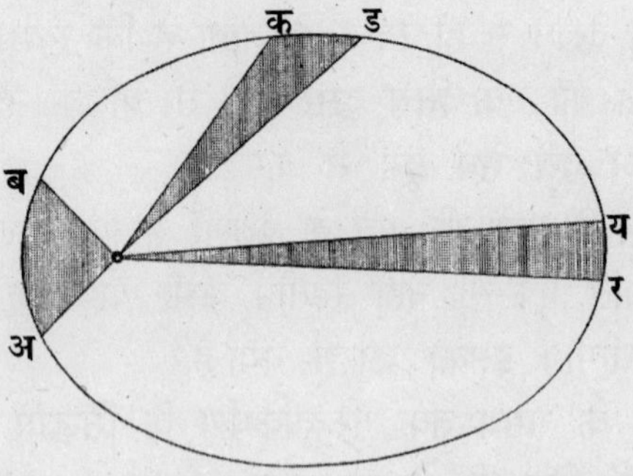

कर रहा है। यह भी मान लो कि वह ग्रह एक महीने में इस दीर्घवृत्तीय कक्षा पर **अ ब**, **क ड** और **य र** दूरियां तय करता है। अब सूर्य के साथ सीधी रेखाओं से **अ**, **ब**, **क**, **ड**, **य** और **र** बिंदुओं को जोड़ो। इससे तुम्हें तीन क्षेत्र – चित्र में रेखांकित क्षेत्र – प्राप्त होंगे।

केपलर का नियम हमें बताता है कि इन तीनों क्षेत्रों का क्षेत्रफल समान है। चूंकि **अ ब**, **क ड** और **य र** दूरियों को पार करने में ग्रह को एक-सा समय लगा है और इन दूरियों से आबद्ध क्षेत्रफल भी समान हैं, इसलिए प्रेक्षणों से केपलर का दूसरा नियम सिद्ध हो जाता है :

सूर्य के केंद्र और किसी ग्रह के केंद्र को मिलानेवाली कल्पित रेखा द्वारा निर्मित क्षेत्रफल और समय में एक निश्चित संबंध होता है।

हम तुम्हें बतला ही चुके हैं कि केपलर ने इन दोनों नियमों को अपने ग्रंथ 'नया खगोलशास्त्र' में प्रकाशित किया। यह ग्रंथ पहली बार 1609 ई. में प्रकाशित हुआ था।

केपलर 1600 ई. में प्राग आए थे। ट्यूको ब्राए की मृत्यु के बाद 1601 ई. में उन्हें राजज्योतिषी बनाया गया। सन् 1601 से 1612 ई. तक वह, अनेक कठिनाइयों के बावजूद, प्राग में ही रुके रहे।

ब्राए की मृत्यु के एक वर्ष बाद ही, 1602 ई. में, केपलर ने अपने दूसरे नियम की खोज कर ली थी। उसके बाद आगे के दो वर्षों तक वह प्रकाश के गुणधर्मों का अध्ययन करते रहे।

1604 ई. में केपलर ने एक और खोज की। तुम पढ़ ही चुके हो कि ब्राए ने 1572 ई. में एक नवतारे (नोवा) की खोज की थी। उसी तरह का एक नवतारा अक्तूबर 1604 में भी प्रकट हुआ था। केपलर ने उस तारे का अध्ययन करके 'दे स्टेला नोवा' नाम की एक पुस्तक लिखी, जो 1606 ई. में प्रकाशित हुई। उसमें केपलर ने स्पष्ट लिखा कि यह नवतारा भी आकाश के उसी क्षेत्र में प्रकट हुआ है जिसमें तारों को एक गोल पर स्थिर माना जाता है। इस तरह, अरस्तू की पुरानी मान्यता वाले 'स्थिर विश्व' को एक और

12

जबरदस्त चोट लगी। 1604 ई. का वह नवतारा आज भी 'केपलर का नवतारा' नाम से जाना जाता है।

1604 ई. के बाद केपलर पुनः ग्रहों की कक्षाओं की खोजबीन में जुट गए। मैं तुम्हें पहले ही बता चुका हूं कि केपलर ने पहले अपने दूसरे नियम की खोज की थी, तदनंतर पहले नियम की। 1604 ई. के बाद लगातार एक वर्ष के अध्ययन के अंत में उन्होंने खोज ही लिया कि ग्रहों की कक्षाएं वृत्ताकार नहीं हैं, बल्कि दीर्घवृत्ताकार हैं। दोनों नियमों की खोज कर लेने के बाद केपलर एक पुस्तक लिखने में जुट गए। वही पुस्तक जिसका नाम रखा गया था 'नया खगोलशास्त्र'।

पुस्तक तो तैयार हो गई। परंतु समस्या थी उसके प्रकाशन की। उस जमाने में पुस्तक प्रकाशन के लिए आज-जैसी सुविधाएं उपलब्ध नहीं थीं। उस जमाने में अपनी पुस्तक प्रायः स्वयं ही छपवानी पड़ती थी। कागज जुटाने तथा छपाई के खर्च के लिए केपलर को बड़ी दौड़-धूप करनी पड़ी। उन्हें दूसरों से कर्जा लेना पड़ा। यदि उन्हें अपनी तनख्वाह नियमित रूप से मिलती रहती, तो वह बड़ी आसानी से पुस्तक छपवा सकते थे, परंतु राजकोष की कुछ ऐसी खस्ता हालत थी कि उन्हें पूरा वेतन नहीं मिलता था। और, जो मिलता था वह भी बड़ी देरी से। खैर, किसी तरह 1609 ई. में 'नया खगोलशास्त्र' पुस्तक प्रकाशित हो ही गई।

तुम सोचते होंगे कि केपलर की यह पुस्तक प्रकाशित हो जाने के तुरंत बाद विज्ञान-जगत में बड़ा तहलका मच गया होगा।

हां, तहलका तो जरूर मचा, परंतु परिणाम आशा के विपरीत हुए। संसार में जब कोई नया विचार या नया सिद्धांत सामने आता है, तो शायद ही जल्दी उसका स्वागत होता हो। कोपर्निकस के बारे में तुम जान ही चुके हो। शताब्दियों से रूढ़ और प्रचलित सिद्धांतों का खंडन आसानी से स्वीकार नहीं हो सकता। फिर, केपलर ने तो शताब्दियों पुराने विचारों को तहस-नहस कर दिया था। शुरू में किसी ने भी उनके सिद्धांतों का स्वागत नहीं किया !

खगोल-विज्ञान के इतिहास में वर्ष 1609 ई. का बहुत बड़ा महत्व है। एक ओर केपलर ने ग्रहों की गति के बारे में अपने दो नियमों को 'नया खगोलशास्त्र' नामक ग्रंथ में इसी वर्ष प्रकाशित किया; दूसरी ओर, महान गैलीलियो ने ग्रहों तथा उपग्रहों के अवलोकन के लिए इसी वर्ष संसार की पहली दूरबीन का उपयोग किया। केपलर तो गैलीलियो के आविष्कार को सुनकर फूले नहीं समाए। परंतु बड़े दुःख की बात है कि महान गैलीलियो केपलर के 'नया खगोलशास्त्र' ग्रंथ के महत्व को तुरंत नहीं समझ पाए!

1611 ई. में प्राग में गृहयुद्ध की आग सुलगी और महामारी भी फैली। केपलर के आश्रयदाता रुडोल्फ-द्वितीय को अपना राजसिंहासन त्यागना पड़ा। उसी वर्ष केपलर की पत्नी बार्बरा की और उनके एक बच्चे की मृत्यु हुई। जिनका भाग्य एवं फलित-ज्योतिष में विश्वास है वे यही कहेंगे कि वह वर्ष राजा और केपलर, दोनों के लिए अशुभ था। बहुत लोगों का मत है कि केपलर फलित-ज्योतिष में भी विश्वास रखते थे। परंतु

देखो तो उन्होंने उसी वर्ष फलित-ज्योतिष के बारे में क्या कहा है :

"यदि कोई कुटिल फलित-ज्योतिषी चाहे तो किसी सम्राट की बहुत बड़ी हानि कर सकता है। यह देखना मेरा कर्तव्य है कि ऐसे लोगों से हमारे सम्राट की कोई हानि न होने पाए। मेरी मान्यता है कि राजदरबार से फलित-ज्योतिष को बाहर निकाल फेंकना चाहिए। और, इसे उन लोगों के दिमाग से भी निकाल फेंकना चाहिए जो सम्राट के सलाहकार हैं।"

23 मई, 1611 को रुडोल्फ को बोहेमिया राज्य का तख्त त्याग देना पड़ा। अगले वर्ष के जनवरी महीने में उसकी मृत्यु हो गई। उसी बीच केपलर की पत्नी बार्बरा बीमार पड़ी और बाद में वह मिरगी के रोग की शिकार हुई। ऐसे संकटकाल में केपलर के तीनों बच्चों को चेचक निकल आई और उनका छह वर्ष का बच्चा, जिसका नाम फ्रेडरिक था, चल बसा ! कुछ दिनों बाद बार्बरा का भी देहांत हो गया!

यूं तो जन्म से ही केपलर के नसीब में दुःख ही लिखा हुआ था, परंतु उनके जीवन के अंतिम 20 वर्ष भयानक कष्टों में बीते। पत्नी व पुत्र की तथा अपने आश्रयदाता की एक ही साथ मृत्यु की यह घटना उनके दुःखों की लंबी कहानी की असली शुरुआत थी।

सम्राट रुडोल्फ की मृत्यु 20 जनवरी, 1612 को हुई थी। उसके पहले ही केपलर को उत्तर ऑस्ट्रिया की राजधानी लिंट्ज से गणित का प्राध्यापक बनने के लिए आमंत्रण आ चुका था। किंतु जब तक उनके आश्रयदाता जीवित थे, तब तक वे प्राग

छोड़ने के लिए तैयार नहीं हुए। अब जब रुडोल्फ की मृत्यु हो गई, तो वह प्राग छोड़ने के लिए स्वतंत्र थे।

केपलर 12 वर्षों तक प्राग में रहे। उनके जीवन का एक अध्याय समाप्त हो गया। प्राग छोड़ने के बाद उनके जीवन का एक नया अध्याय शुरू होता है।

13

केपलर पूरे 12 वर्ष प्राग में रहे। अब इस नगर को छोड़ने के सिवा उनके सामने कोई दूसरा चारा नहीं था। एक तो उनके आश्रयदाता चल बसे थे। दूसरे, उन्हें वेतन भी नहीं मिलता था। इसलिए लिंट्ज से जब उन्हें निमंत्रण आया तो उन्होंने उसे सहर्ष स्वीकार कर लिया। यहां उन्हें गणित पढ़ाने का काम मिला था। यह नाममात्र का ही काम था। इसलिए वैज्ञानिक खोजकार्य के लिए उनके पास पर्याप्त समय था।

केपलर जब लिंट्ज पहुंचे तो उनकी आयु 41 वर्ष की हो चुकी थी। वे लिंट्ज में 55 वर्ष की आयु तक, अर्थात् कुल 14 वर्ष रहे।

लिंट्ज में भी उनके दिन सुख में नहीं बीते। आर्थिक कठिनाई तो उतनी नहीं थी; किंतु पारिवारिक कठिनाइयों का कोई अंत नहीं था।

तुम्हें केपलर की मां का स्मरण होगा। अब वह काफी बूढ़ी हो चली थीं और अपने बेटे से दूर लिओनबर्ग में रहती थीं। ईसाई चर्च ने केपलर की माता पर आरोप लगाया था कि वह जादूगरनी है!

योहानेस केपलर (1571-1630 ई.)

जानते हो, 'जादूगरनी' क्या होती है ?

मैं भी ठीक-ठीक नहीं जानता कि 'जादूगरनी', 'डायन' या 'चुड़ैल' का सही-सही अर्थ क्या होता है, क्योंकि अब तक इनमें से किसी एक से मेरा सामना नहीं हुआ है। मैं केवल तुम्हें वही बात बताऊंगा जोकि पुराने खयाल के लोग पहले सोचते थे और कुछ लोग आज भी सोचते हैं। मध्ययुग में ईसाई धर्मावलंबी विश्वास करते थे कि कुछ बूढ़ी औरतों के शरीर में दुष्ट 'प्रेतात्माएं' निवास करती हैं। इन प्रेतात्माओं के वशीभूत होकर बूढ़ी औरतें कुटिल काम करने लग जाती हैं। वे दूसरों पर जादू-टोना करती हैं, दूसरों के घरों में बीमारियां फैलाती हैं, विपदाएं ढाती हैं। ऐसी ही औरतों को 'डायन' या

'जादूगरनी' कहते थे !

पुराने समय में बहुत-से लोग भूत-प्रेत और जादू-टोने में विश्वास करते थे, सभी देशों में। ईसाई धर्म में तो इस भूत-प्रेत तथा जादू-टोने का बहुत ही बोलबाला था। इसलिए ईसाई धर्मगुरु जब देखते कि अमुक औरत या अमुक आदमी के शरीर में भूत-प्रेत घुस गया है, तो वे उस आदमी या औरत को जिंदा ही जला डालते थे ! जिस गांव में केपलर का जन्म हुआ था उसमें सिर्फ दो सौ घर थे। परंतु 1615 और 1629 ई. के बीच अकेले इसी गांव में 38 'जादूगरनियां' पकड़ी गई थीं और उन्हें चौरस्तों पर जिंदा जला दिया गया था !

उस समय केपलर की मां कैथरीन लियोनबर्ग नामक जिस छोटे-से देहात में रहती थीं, उसमें एक ही साल में छह 'जादूगरनियों' को जिंदा जला दिया गया था ! अब केपलर की मां की बारी थी!

उस जमाने में ईसाई धर्मगुरुओं की अपनी स्वतंत्र अदालतें हुआ करती थीं। ये अदालतें राजा-महाराजाओं की अदालतों से भी ज्यादा कठोर होती थीं। इन अदालतों में किसी को भी पकड़कर कटघरे में खड़ा किया जा सकता था। जिस किसी को भी ईसाई धर्म के विरोध में पाया जाता उसे ऐसी अदालत के सामने पेश करके कठोर-से-कठोर दंड दिया जाता था। महान वैज्ञानिक गैलीलियो को भी ऐसी अदालत के सामने खड़े होकर सत्य को असत्य और असत्य को सत्य 'स्वीकार' करना पड़ा था ! इसी तरह की एक धार्मिक अदालत ने इटली के वैज्ञानिक ज्योर्दानो ब्रूनो को 1600 ई. में रोम के एक चौरस्ते पर खूंटे

से बांधकर जिंदा जला दिया था! मध्ययुग में ईसाई धर्म के ये कारनामे खून की स्याही से लिखे हुए मिलते हैं।

अब केपलर की मां की बारी थी। 1615 ई. से 1621 ई. तक उनका मामला अदालत में चलता रहा। उनके अनेक शत्रु थे और इन्हीं शत्रुओं ने उन पर जादूगरनी का आरोप लगाया था। दोष को सिद्ध करना आसान नहीं था। अंत में कैथरीन को जेल में डाल दिया गया और उन्हें यातनाओं की धमकियां दी गईं। फिर भी, बुढ़िया डटी रही। वह इनकार करती रही कि वह 'जादूगरनी' है।

किसी महिला को 'जादूगरनी' सिद्ध करने के लिए ईसाई धर्मगुरुओं ने जांच के कई बेहूदा तरीके ईजाद किए थे। जिस पर जादूगरनी होने का आरोप लगाया जाता उसे ईसाई धर्मग्रंथ बाइबिल पढ़ने को दी जाती थी। बाइबिल पढ़ते-पढ़ते यदि अभियुक्त रो पड़े, तो मान लिया जाता था कि अभियुक्त निर्दोष है ! केपलर की मां को जब बाइबिल पढ़ने को दी गई, तो उनकी आंखों से आंसुओं की एक बूंद भी नहीं छलकी ! केपलर की मां ने क्रोध में आकर न्यायाधीशों को जवाब दिया :

"मैं अपने जीवन में इतना अधिक रोई हूं कि अब बाइबिल पढ़ते समय आंसू बहाने के लिए मेरे बदन में एक बूंद भी बाकी नहीं बची है !"

तुम पूछ सकते हो : वह तो एक मशहूर वैज्ञानिक की मां थी; फिर केपलर ने उसे बचाया क्यों नहीं ?

सच बात यह है कि ईसाई धर्म की शक्ति के सामने केपलर का भी जोर नहीं था। केपलर ने दो बार जाकर बीच-बचाव

करने की कोशिश की और इसी कोशिश के कारण कैथरीन जिंदा ही जला दिए जाने से बाल-बाल बच गई। उसे एक-डेढ़ साल के लिए जेल में ठूंस दिया गया। चौदह महीनों की जेल भुगतने के बाद उसे निर्दोष मानकर छोड़ दिया गया। जेल से छूटने के बाद छह महीने के अनंतर केपलर की मां की मृत्यु हो गई।

इस सारी परिस्थिति का केपलर के दिमाग पर क्या असर पड़ा होगा, इसकी तुम स्वयं कल्पना कर सकते हो। किंतु केपलर तो अपना जीवन विज्ञान को अर्पित कर चुके थे। सारी पारिवारिक कठिनाइयों के बावजूद वह अपने गवेषणा-कार्य में जुटे रहे। मानसिक कष्टों के बावजूद उन्होंने ग्रहों की गति के बारे में अपना 'तीसरा नियम' खोज निकाला। इस तीसरे नियम का बहुत बड़ा महत्व है। 1618 ई. में इस नियम की खोज हो चुकी थी। केपलर ने अपने 'हार्मोनिसेस् मुंडी' नामक ग्रंथ में इस नियम को प्रस्तुत किया।

आओ, अब हम केपलर के इस तीसरे नियम पर विस्तार से विचार करें।

'हार्मोनिसेस् मुंडी' ग्रंथ 1618 ई. में तैयार हो गया था।

'हार्मोनिसेस् मुंडी' का अर्थ होता है – 'विश्व की संगति।' केपलर का 'तीसरा नियम' इसी ग्रंथ में है।

केपलर का तीसरा नियम है :

किसी ग्रह को सूर्य की परिक्रमा करने में जितना समय लगता है उसके वर्ग में और उस ग्रह तथा सूर्य के बीच की माध्य औसत दूरी के घन में एक निश्चित संबंध होता है।

इस नियम में आए कुछ शब्दों से तुम शायद परिचित नहीं हो, इसलिए पहले उन्हें ठीक से समझ लो।

5×5 को गणित में 5^2 भी लिखते हैं। उसी प्रकार, त×त को $त^2$ लिखते हैं। 5^2 को 'पांच का वर्ग' और $त^2$ को 'त का वर्ग' कहते हैं। इसी प्रकार, त×त×त को $त^3$ लिखते हैं और इसे 'त का घन' कहते हैं।

तुम जानते ही हो कि पृथ्वी को सूर्य की एक परिक्रमा करने में पूरे एक वर्ष का समय लगता है। उसी प्रकार, शनि ग्रह को सूर्य की एक पूरी परिक्रमा

के लिए लगभग 30 वर्षों का समय लगता है। पृथ्वी की सूर्य से माध्य औसत दूरी लगभग 15,00,00,000 किलोमीटर है। मैं तुम्हें बतला ही चुका हूं कि पृथ्वी और सूर्य के बीच की इस औसत दूरी को एक 'खगोलीय इकाई' कहते हैं। इस प्रकार यदि पृथ्वी, सूर्य से एक इकाई दूर है, तो शनि की दूरी है – लगभग 10 खगोलीय इकाइयां (लगभग 145 करोड़ किलोमीटर)!

केपलर का उद्देश्य था, सूर्य से ग्रहों की माध्य दूरी तथा इन ग्रहों के सूर्य-परिभ्रमण-काल में कोई सुनिश्चित संबंध खोज निकालना। मान लो कि सूर्य से ग्रहों की दूरी को हम **द** मानते हैं और उनके द्वारा सूर्य के चारों ओर एक चक्कर लगाने के समय को **स**। अब हमें देखना है कि इस **द** और **स** में क्या संबंध है। यह संबंध खोजने के लिए पहले हम देखेंगे कि केपलर के समय तक ज्ञात सभी ग्रहों के लिए **द** और **स** के मान क्या हैं। (पृथ्वी के लिए **स** = 1 और **द** = 1)

	बुध	शुक्र	पृथ्वी	मंगल	बृहस्पति	शनि
स :	0.24	0.615	1.00	1.88	11.86	29.457
द :	0.387	0.723	1.00	1.524	5.203	9.539

क्या इन दोनों पंक्तियों के मानों में कोई सीधा संबंध तुम्हें दिखाई देता है ? नहीं। ग्रहों के **स** तथा **द** मानों में बहुत अंतर है। इसलिए केपलर ने सोचा कि **द** और **स** के वर्गों के मानों के संबंध को देखा जाए। **द**^{2} तथा **स**^{2} के मान होंगे :

	बुध	शुक्र	पृथ्वी	मंगल	बृहस्पति	शनि
स^2 :	0.058	0.38	1.00	3.54	140.8	868.0

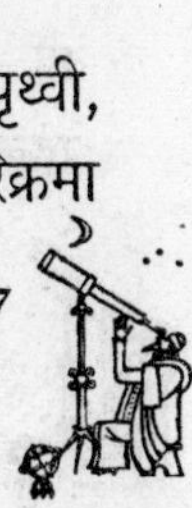

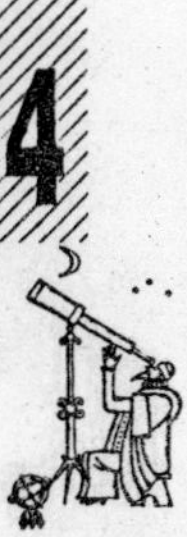

द^2 :	0.147	0.528	1.00	2.323	27.071	90.792

तुम देखोगे कि अब भी दोनों पंक्तियों की संख्याएं एक-समान नहीं हैं। अर्थात्, **द**^{2} और **स**^{2} में भी कोई संबंध संभव नहीं है। परंतु अब जरा **द**^{3} का मान निकालकर तो देखो। **द**^{3} के मान हैं :

	बुध	शुक्र	पृथ्वी	मंगल	बृहस्पति	शनि
द^3 :	0.058	0.38	1.00	3.54	140.8	868.0

इस बार तुम देखोगे कि **द**^{3} के भी ठीक वही मान हैं जो कि **स**^{2} के हैं। अर्थात्, **स**^{2} और **द**^{3} समान हैं। तुम जानते ही हो कि **स** ग्रह को सूर्य की एक परिक्रमा करने में लगनेवाला समय है और **द** ग्रह की सूर्य से माध्य (औसत) दूरी है। कितने आश्चर्य की बात है कि अंत में ग्रहों के बारे में इन दोनों बातों में एक सुनिश्चित संबंध निकल ही आया। अब पुनः केपलर के तीसरे नियम पर विचार करो। नियम है :

"किसी ग्रह को सूर्य की परिक्रमा करने में जितना समय (**स**) लगता है उसके वर्ग (**स**^{2}) में और उस ग्रह तथा सूर्य की माध्य दूरी (द) के घन (द^3) में निश्चित संबंध होता है।"

इसी बात को गणितीय भाषा में कहा जाएगा : **स**^{2} हमेशा **द**^{3} के अनुपात में रहता है। अर्थात्,

द^3/**स**^{2} = क, जहां 'क' एक स्थिरांक है।

यदि हम **द** तथा **स** के मानों को खगोलीय इकाइयों में लेते हैं, अर्थात् पृथ्वी और सूर्य के बीच की दूरी को 1 और पृथ्वी के परिभ्रमण-काल को भी 1 मानकर इसी अनुपात में दूसरे ग्रहों के मान भी व्यक्त करते हैं, तो 'क' (स्थिरांक) का

मान 1 होगा। तब,

$$\text{द}^3 = \text{स}^2$$

अब हम इस नियम का परीक्षण करके देखेंगे। मैं तुम्हें बतला ही चुका हूं कि केपलर के समय तक सौरमंडल के तीन ग्रहों अर्थात् यूरेनस, नेपच्यून और प्लूटो की खोज नहीं हुई थी। प्लूटो की खोज तो 1930 ई. में हुई है।

केपलर अपने जीवन के अंतिम समय तक भले ही यह मानते रहे हों कि सौरमंडल में केवल छह ही ग्रह हैं; परंतु उनको इस बात की कल्पना भी नहीं थी कि उनके 'तीसरे नियम' में नए ग्रह खोज निकालने की शक्ति मौजूद है। मैं तुम्हें बताऊंगा कि केपलर का यह तीसरा नियम नए ग्रहों को खोजने के लिए किस प्रकार उपयोगी सिद्ध हुआ है।

1930 ई. के पहले खगोलविदों ने जाना कि सौरमंडल के छोर पर एक नया ग्रह है। वे इसकी दूरी तो ज्ञात कर चुके थे, परंतु अब उन्हें यह देखना था कि सूर्य की परिक्रमा करने में इस नए ग्रह प्लूटो को कितना समय लगता है। प्लूटो के इस परिभ्रमण-काल को ज्ञात करने के लिए केवल एक ही सूत्र सहायक हो सकता था, और वह सूत्र था – केपलर का तीसरा नियम।

मान लो कि सूर्य से पृथ्वी की माध्य दूरी 1 है; अर्थात् 1 खगोलीय इकाई है, और सूर्य की परिक्रमा करने में पृथ्वी को एक वर्ष का समय लगता है। 1 वर्ष का वर्ग 1 ही होगा और 1 का घन भी 1 ही होगा।

सूर्य से प्लूटो ग्रह की माध्य दूरी है : 39.5 । 39.5 का

अर्थ है, 39.5 खगोलीय इकाइयां। और तुम जानते ही हो कि 1 खगोलीय इकाई दूरी का मतलब होता है, लगभग 15 करोड़ किलोमीटर। अब यदि तुम सूर्य से प्लूटो ग्रह की माध्य दूरी ज्ञात करना चाहते हो, तो तुम्हें 15 करोड़ किलोमीटर को 39.5 से गुणा करना होगा। अर्थात्, प्लूटो ग्रह सूर्य से लगभग 15,00,00,000 × 39.5 किलोमीटर दूर है (मोटे तौर पर 600 करोड़ किलोमीटर)।

प्लूटो ग्रह की दूरी तो तुमने जान ली, परंतु अब तुम्हें यह जानना है कि प्लूटो ग्रह को सूर्य की एक परिक्रमा पूरी करने के लिए हमारे कितने वर्षों का समय लगता है। केपलर के तीसरे नियम के अनुसार :

$$1^3/1^2 = (39.5)^3/\text{स}^2$$

जहां 'स' प्लूटो को सूर्य की परिक्रमा करने के लिए लगनेवाला समय है। इस संबंध को सरल कर लेने पर प्राप्त होगा :

$$\text{स}^2 = (39.5)^3$$

इस संबंध को सरल करने पर हमें 'स' का मान, अर्थात् प्लूटो को सूर्य की एक परिक्रमा करने में लगनेवाले वर्ष ज्ञात हो जाएंगे। गणना करने पर पता चलता है कि प्लूटो को सूर्य की एक परिक्रमा पूरी करने के लिए लगभग 248 वर्षों का समय लगता है। इतने वर्षों को देखकर तुम्हें आश्चर्य नहीं होना चाहिए। प्लूटो सौरमंडल का अब तक खोजा गया अंतिम ग्रह है और यह बहुत ही धीमी गति से सूर्य की परिक्रमा करता है।

आज हम केपलर के इस तीसरे नियम के महत्व को भलीभांति समझते हैं। जिन परिस्थितियों में उन्होंने यह नियम खोजा था, उनके बारे में स्वयं केपलर ने लिखा है :

"यदि तुम ठीक-ठीक तिथि जानना चाहो, तो 8 मार्च, 1618 को पहली बार इस समस्या का हल मेरे दिमाग में आया। पहली बार जब मैंने गणनाएं करके देखीं तो पाया कि ये सही नहीं हैं। दूसरी बार 15 मई को जब मैंने पुनः गणनाएं करके देखीं तो पाया कि हल सही है। मैंने देखा कि मेरी गणनाएं ट्यूको के प्रेक्षणों तथा मेरे अपने 10 वर्षों के प्रेक्षणों से मेल खाती हैं।"

Ioannis Keppleri
HARMONICES
MVNDI
LIBRI V. QVORVM

Cum S.C.M. Privilegio ad annos XV.
Lincii Austriæ,
Sumptibus GODOFREDI TAMPACHII Bibl. Francof.
Excudebat IOANNES PLANCVS.
ANNO M. DC. XIX.

PLATE V. Title page of Harmonices Mundi (1619).

"हार्मोनिसेस् मुंडी" (विश्व की संगति) ग्रंथ का मुखपृष्ठ

मैं तुम्हें बतला ही चुका हूं कि इस तीसरे नियम की खोज करने के बाद केपलर ने 'हार्मोनिसेस् मुंडी', अर्थात् 'विश्व की संगति' नामक ग्रंथ लिखा था, जो 1619 ई. में प्रकाशित हुआ। ग्रंथ को समाप्त करते हुए केपलर ने लिखा :

"मेरे इस ग्रंथ को मेरे समकालीन लोग समझें या भविष्य के लोग समझें, मुझे इसकी परवाह नहीं है। मैं तो दांव लगा चुका हूं। मेरी यह पुस्तक अपने सही मूल्यांकन के लिए सौ वर्षों तक प्रतीक्षा कर सकती है।"

केपलर स्वयं नहीं जानते थे कि उन्होंने विज्ञान को कितनी महत्वपूर्ण चीज दी है। उन्होंने कोपर्निकस के बारे में कहा था कि "कोपर्निकस नहीं जानता था कि वह कितना धनी है।"

ठीक यही बात हम केपलर के बारे में भी कह सकते हैं।

तुम जान ही चुके हो कि 1612 ई. में केपलर की पहली पत्नी बार्बरा की मृत्यु हुई। तुम यह भी जानते हो कि इस पहले विवाह से केपलर को सुख नसीब नहीं हुआ। तुम पूछोगे : क्या केपलर ने दूसरा विवाह किया ?

हां, केपलर ने दूसरा विवाह किया। पहला विवाह उन्होंने अपने मित्रों की सलाह से किया था। परंतु दूसरा विवाह वह सोच-समझकर ही करना चाहते थे। उनके सामने विवाह के लिए 11 महिलाएं थीं। इनमें से उन्हें किसी एक से विवाह करना था। तुम पूछोगे : केपलर ने अपनी नई पत्नी का चुनाव कैसे किया ?

केपलर तो गणितज्ञ थे। एक बार गलती कर चुकने के बाद वह दोबारा फिर गलती नहीं करना चाहते थे। उन्होंने

उन 11 में से प्रत्येक पर गंभीरता से सोचा था। उसी प्रकार सोचा जिस प्रकार उन्होंने मंगल ग्रह की कक्षा निर्धारित करने के लिए सोचा था !

अंत में उन्होंने सुसान्ना रेउटिंगेर का चुनाव कर लिया। उस समय केपलर की आयु 41 वर्ष की थी और सुसान्ना की 24 वर्ष की। विवाह 1613 ई. में हुआ। सुसान्ना से केपलर को कुल 7 बच्चे हुए, जिनमें से तीन बचपन में ही मर गए।

क्या केपलर को इस दूसरे विवाह से सुख मिला ?

पहले से यह दूसरा विवाह अधिक सुखकर रहा। परंतु तुम देख ही चुके हो कि केपलर के तीन बच्चे बचपन में ही चल बसे ! ऊपर से आर्थिक कठिनाइयां !

फिर भी, केपलर ने हार नहीं मानी। अब भी उन्हें बहुत-सा काम करना था।

कौन-सा काम ?

15

'हार्मोनिसेस् मुंडी' पुस्तक 1619 ई. में प्रकाशित हुई थी। उस समय केपलर की आयु 48 साल की थी। उनका प्रमुख कार्य समाप्त हो चुका था। फिर भी, जीवन के शेष 11 वर्षों तक वह अनेक विषयों पर पुस्तक-पुस्तिकाएं लिखते रहे। उन्होंने कई वार्षिक पंचांग बनाए। धूमकेतुओं पर एक पुस्तक लिखी। गणितज्ञ जॉन नेपियर (1550-1617 ई.) के नए आविष्कार लघुगणक (लॉगरिथम) पर एक पुस्तक लिखी। परंतु केपलर के जीवन के अंतिम काल के दो महत्वपूर्ण ग्रंथ हैं : 'एपिटोमे एस्ट्रानोमिए कोपर्निकानाए' और 'रुडोल्फाइन टेबल्स'।

पहली पुस्तक के शीर्षक से लगता है कि इसमें कोपर्निकस के सिद्धांत का विवरण होगा; परंतु सच यह है कि इसमें केपलर के ही अपने सिद्धांत की व्याख्या है। इस ग्रंथ में सौरमंडल का विवरण लगभग उसी प्रकार है, जिस प्रकार आजकल की खगोल-विज्ञान की पाठ्य-पुस्तकों में होता है। टॉलमी के ग्रंथ 'अल्मजिस्ती' (लगभग 150 ई.) के बाद यूरोप में

खगोल-विज्ञान का यह सबसे महत्वपूर्ण ग्रंथ था। इस ग्रंथ में केपलर के सभी आविष्कारों का समावेश है।

यद्यपि केपलर ने टॉलमी के सिद्धांत को तहस-नहस कर डाला था और कोपर्निकस के वृत्तीय कक्षाओं वाले सिद्धांत के स्थान पर दीर्घवृत्तीय कक्षाओं की स्थापना की थी, फिर भी, केपलर के इन नए सिद्धांतों का तुरंत प्रचार-प्रसार और स्वागत नहीं हुआ।

केपलर का दूसरा ग्रंथ 'रुडोल्फाइन टेबल्स' (अर्थात्, रुडोल्फीय सारणियां) खगोल-विज्ञान के लिए अत्यंत महत्व का है। इसमें ट्यूको ब्राए के जीवन-भर के प्रेक्षणों का लेखा-जोखा है। ग्रहों तथा तारों की गति-स्थिति जानने की जरूरत चूंकि समुद्री यात्रियों, खगोलविदों तथा पंचांगकर्ताओं को पड़ती है, इसलिए ये सभी उत्सुकता से इन सारणियों के प्रकाशन की राह देख रहे थे। केपलर के एक जीवनी-लेखक ने तो यहां तक लिखा है कि भारत तथा चीन जैसे दूर देशों में पहुंचे हुए धर्म-प्रचारक जेसुइट ज्योतिषी भी इन सारणियों के प्रकाशन की उत्सुकता से बाट जोह रहे थे।

परंतु इन सारणियों का प्रकाशन आसान काम नहीं था। एक तो केपलर को इन पर काम करने के लिए ट्यूको ब्राए के रिश्तेदारों से झगड़ना पड़ा; दूसरे, इन सारणियों के प्रकाशन के लिए पैसा जुटाना पड़ा। हम तुम्हें बतला ही चुके हैं कि प्राग में केपलर तथा ब्राए, दोनों का वेतन रुका हुआ था। ब्राए के अब भी 6299 फ्लोरिन (उस समय का सोने का एक सिक्का) राजा की तरफ बाकी थे। नए शासन से बकाया रुपया

वसूल करना आसान काम नहीं था। फिर भी, केपलर वसूली के लिए एक वर्ष तक इधर-उधर दौड़-धूप करते रहे। अंत में उन्हें किसी तरह से दो हजार फ्लोरिन मिल गए।

इन दो हजार फ्लोरिन से केपलर ने पुस्तक के लिए कागज खरीद लिया। कागज का इंतजाम तो हो गया, परंतु छपाई के लिए पैसे कहां से आएंगे ? केपलर ने सोच लिया कि अपने खर्च में कटौती करके किसी तरह छपाई के लिए इंतजाम कर लेंगे। उस समय केपलर ने तनिक भी नहीं सोचा कि पैसों के अभाव में उनकी पत्नी और छह बच्चों का निर्वाह कैसे होगा। उन पर तो बस यही धुन सवार थी कि अपने गुरु तथा सहयोगी ट्यूको ब्राए के जीवन-भर का अमूल्य कार्य जल्दी-से-जल्दी प्रकाशित हो जाए।

अंत में यह पुस्तक 1624 ई. में प्रकाशित हो ही गई। पुस्तक का नाम रखा गया, 'रुडोल्फीय सारणियां'।

तुम पूछ सकते हो कि इस पुस्तक का नाम 'ब्राए की सारणियां' क्यों नहीं रखा गया ? 'रुडोल्फीय सारणियां' ही क्यों रखा गया ?

सम्राट रुडोल्फ-द्वितीय के आश्रय में ब्राए तथा केपलर ने लगभग 12-13 वर्षों तक आकाश के ग्रह-नक्षत्रों का अध्ययन किया था। ब्राए और केपलर, दोनों ही सम्राट के राजज्योतिषी थे। राज्य की ओर से उन्हें वेतन तथा अन्य खर्च मिलता था। इसलिए केपलर ने उचित समझा कि इन सारणियों का नाम 'रुडोल्फीय सारणियां' ही रखा जाए। आज भी ये सारणियां 'रुडोल्फीय सारणियों' के नाम से ही जानी जाती हैं। सम्राट

'रुडोल्फीय सारणियां' ग्रंथ का मुखपृष्ठ

रुडोल्फ-द्वितीय यूरोप के राजनीतिक इतिहास में एक मामूली आदमी था; परंतु उसके दो राजज्योतिषियों ने खगोल-विज्ञान के इतिहास में उसके नाम को दीर्घकाल के लिए अमर बना दिया !

ठीक ऐसी ही बात हमारे देश में भी हुई है – केपलर के करीब सवा सौ साल बाद। आमेर-जयपुर के राजा सवाई जयसिंह (1686-1743 ई.) की आकाश के ग्रह-नक्षत्रों के अध्ययन

में बड़ी दिलचस्पी थी। उन्होंने जयपुर, उज्जैन, मथुरा, दिल्ली और वाराणसी में चूना तथा पत्थरों के विशाल ज्योतिष-यंत्रों वाली वेधशालाएं बनवाईं और कई ज्योतिषियों के सहयोग से सालों तक वेधकार्य किया। अंत में जो तारा-सारणी तैयार हुई उसे सवाई जयसिंह ने 'ज़ीज मुहम्मदशाही' (मुहम्मदशाही तारा-सारणी) का नाम दिया।

जानते हो क्यों? इसलिए कि दिल्ली के मुगल बादशाह मुहम्मदशाह के शासनकाल (1719-48 ई.) में ही सवाई जयसिंह ने वेधशालाएं बनवाई थीं और वेधकार्य किया था। वैसे, मुहम्मदशाह एक निकम्मा शासक था। उसके समय में मुगल साम्राज्य टुकड़े-टुकड़े हो गया!

'रुडोल्फीय सारणियां' लगभग सौ वर्षों तक ग्रहों तथा नक्षत्रों का अध्ययन करनेवालों के लिए महत्वपूर्ण साधन सिद्ध हुईं। इस ग्रंथ के अधिकांश भाग में ग्रहों की स्थितियां तथा ग्रहों की स्थितियों की गणना करने के नियम दिए गए हैं। ट्यूको ने 777 तारों की स्थितियों की एक सूची तैयार की थी। केपलर ने और 228 तारों की स्थितियां निर्धारित कीं। इस प्रकार, कुल 1005 तारों की सही-सही स्थितियां इस ग्रंथ में दी गई हैं। इस ग्रंथ में प्रकाश के अपवर्तन (रिफ्लेक्शन) की भी सारणियां हैं। पहली बार जॉन नेपियर के लघुगणक (लागरिथम) का इस ग्रंथ में खगोलीय गणनाओं के लिए उपयोग किया गया है।

इस ग्रंथ के प्रकाशन के लिए केपलर को लिंट्ज छोड़कर

अनेक स्थानों पर भटकना पड़ा। पुस्तक के प्रकाशन के लिए उन्हें कई महीने तक जर्मनी के उल्म नगर में रहना पड़ा (1879 ई. में महान वैज्ञानिक अल्बर्ट आइंस्टाइन का जन्म इसी नगर में हुआ था)।

'रुडोल्फीय सारणियों' के प्रकाशित हो जाने पर केपलर के सामने अब सवाल था : कहां रहोगे, कहां जाओगे ?

हां, कहां जाएं ? कहां रहें ?

16

केपलर हमेशा के लिए लिंट्ज छोड़ चुके थे। उल्म एक अस्थायी निवास ही था। केपलर के सामने अब सवाल था : मैं अब किस जगह जाऊं ?

दिसंबर 1627 में केपलर ने उल्म नगर छोड़ दिया। वह प्राग पहुंचे। केपलर अब भी राजज्योतिषी थे। उन्हें राज्य से अब भी 11,817 फ्लोरिन लेने थे । लेकिन यह बकाया वेतन उन्हें कभी भी नहीं मिल पाया !

केपलर की पत्नी और बच्चे अभी राटिसबॉन नगर में ही थे । वे उनसे मिलने गए और उधर से ही लिंट्ज चले गए। लिंट्ज में सब बातों का फैसला करके केपलर पुनः प्राग लौट आए। कुछ दिनों के बाद उनका परिवार भी उनसे आकर मिला।

सम्राट ने केपलर को सागान का ड्यूक नियुक्त किया। वह अपने परिवार के साथ सागान में रहने चले आए। जून 1628 में वह सागान पहुंचे और अपनी मृत्यु तक उसी स्थान पर रहे। लेकिन केपलर का मन वहां नहीं लगता था। उन्होंने स्वयं लिखा है :

"मैं यहां एक अतिथि और अपरिचित व्यक्ति की

तरह हूं। मुझे यहां कोई नहीं जानता। यहां की स्थानीय भाषा भी ठीक-ठीक नहीं समझ पाता। यहां के लोग मुझे अनाड़ी समझते हैं !"

एक महान खगोलविद और अनाड़ी !

सागान में कोई छापाखाना (प्रेस) भी नहीं था। इसलिए केपलर एक प्रेस स्थापित करने में जुट गए। सागान में अपने शेष जीवन के दो सालों में से केपलर ने 18 महीने तो प्रेस खड़ा करने में बिता दिए। अंत में, दिसंबर 1629 में, प्रेस तैयार हो गया।

प्रेस जब तैयार हो गया, तो केपलर अपने दामाद वार्ट्स की सहायता से ग्रहपत्रियां (एफेमेरिज) तैयार करने में जुट गए। उन्होंने 1629-1636 ई. की ग्रहपत्रियां तैयार करके प्रकाशित कीं। इन ग्रहपत्रियों में ग्रहों की सारी गतियों का वर्ष-भर का विस्तृत लेखा-जोखा रहता है। इसके विपरीत, सारणियों में केवल आंकड़े ही रहते हैं, जिनका उपयोग करके गणनाएं की जाती हैं।

इसी बीच केपलर एक नई पुस्तक को प्रकाशित करने में जुट गए। कौन-सी पुस्तक ?

यह पुस्तक नई नहीं थी, बल्कि केपलर ने इसे करीब 20 वर्ष पहले लिखना शुरू किया था। यह एक कहानी की पुस्तक थी। एक कल्पित कहानी ! एक कल्पित वैज्ञानिक कहानी !

इस पुस्तक का नाम था : 'सोमनियम'।

यह कहानी केपलर का एक स्वप्न थी। एक ऐसा स्वप्न जो उस समय तो नहीं, किंतु अब तुम्हारे-हमारे जीवनकाल में सच साबित होनेवाला था। जानते हो कौन-सा स्वप्न ?

इस कहानी में केपलर ने चंद्रमा की यात्रा की कल्पना की थी!

आज हम देखते हैं कि केपलर का वह स्वप्न साकार हो गया है। जुलाई 1969 में अपोलो-11 यान के अंतरिक्षयात्री आर्मस्ट्रांग, कॉलिंस और एल्ड्रिन ने पहली बार चंद्र की यात्रा की। 21 जुलाई को आर्मस्ट्रांग और एल्ड्रिन चंद्रतल पर उतरे।

केपलर ने 'सोमनियम' को छापना तो शुरू कर दिया था, परंतु उनके अपने जीवनकाल में यह पुस्तक पूरी नहीं छप सकी। उनकी मृत्यु के बाद 1634 ई. में ही यह पुस्तक छपकर तैयार हुई। वैज्ञानिक तथ्यों पर आधारित यह पहली वैज्ञानिक कहानी थी।

केपलर को आए दिन आर्थिक कठिनाइयों का सामना करना पड़ रहा था। वह देख रहे थे कि सागान में रहकर काम नहीं चल सकता। इसलिए अपनी पत्नी तथा बच्चों को पीछे छोड़कर नए काम की खोज के लिए और सम्राट से अपने बकाया वेतन की वसूली के लिए उन्होंने अक्तूबर 1630 में सागान छोड़ दिया।

वे लाइपजिग नगर पहुंचे। वहां से एक मरियल टट्टू पर बैठकर न्यूरेमबर्ग पहुंचे। उसके बाद केपलर राटिसबोन गए, जहां सम्राट का दरबार लगा हुआ था। सम्राट से अब भी उन्हें लगभग 12,000 फ्लोरिन वेतन वसूल करना था!

केपलर 2 नवंबर, 1630 को राटिसबोन पहुंचे थे। तीन दिन बाद उन्हें जोर का बुखार आया। उन्होंने बिस्तर पकड़ लिया। उनके बिस्तर के पास खड़े एक व्यक्ति ने लिखा है :

"केपलर बोल नहीं सकते थे। वह सिर्फ अपनी एक उंगली

को कभी अपने माथे पर लगाते, कभी आकाश की ओर उठाते।"

अंत में, 15 नवंबर, 1630 को इस महान वैज्ञानिक की मृत्यु हुई !

केपलर ने अपने समाधि-स्मारक के लिए पहले से ही मृत्युलेख लिख रखा था। उनकी मृत्यु के बाद वही लेख उनकी समाधि पर अंकित कर दिया गया :

"मैंने अपने जीवन में आकाश का मापन किया है;
अब मैं छायाओं का मापन कर रहा हूं !
मेरा मस्तिष्क आकाश की उड़ान भरता था;
अब मेरा शरीर मिट्टी में आराम कर रहा है !"

तुमने केपलर की जीवन पढ़ी। जीवन-भर उन्हें जीविका के लिए भटकना पड़ा। बकाया वेतन वसूल करते हुए 59 वर्ष की आयु में उनकी मृत्यु हुई।

केपलर को जीवन में यदि अधिक सुख-सुविधाएं मिली होतीं, तो निस्संदेह वह अधिक काम कर सकते थे और अधिक दिनों तक जीवित रहते।

हम कह सकते हैं कि केपलर खगोल-भौतिकी के जनक थे। केपलर के पहले जितने भी खगोलविद हुए उन्होंने ग्रह-नक्षत्रों की गतिविधियों को जानने के प्रयत्न तो किए, परंतु उनके इन प्रयत्नों में आकाशीय पिंडों के भौतिक गुणों का कहीं कोई जिक्र नहीं है। खगोल-विज्ञान के इतिहास में केपलर पहले व्यक्ति थे जिन्होंने सूर्य तथा ग्रहों में भौतिक गुणों का आरोपण किया।

केपलर मूलतः एक गणितज्ञ थे। उनका विश्वास था कि ईश्वर को एक महान गणितज्ञ होना चाहिए!

यूनानी गणितज्ञ पाइथेगोर (569-500 ई.पू.) की तरह संख्याओं की सार्वभौमिक शक्ति में केपलर का

योहानेस केपलर अपने अध्ययन कक्ष में

गहरा विश्वास था। पाइथेगोर की ही तरह वह विश्व को संख्यामय मानते थे। केपलर विश्वास करते थे कि प्रत्येक ग्रह का अपना स्वतंत्र संगीत होता है। वह 'खगोल के संगीत' के प्रेमी थे।

केपलर ने पहली बार खगोलीय गणनाओं के लिए लघुगणकों का इस्तेमाल किया। इस प्रकार, केपलर के कारण ही लघुगणकों का जर्मनी में प्रचार-प्रसार हुआ।

केपलर अपने गलत और सही, दोनों तरह के विचारों के

साथ हमारे सामने प्रकट होते हैं। उन्होंने अपने सारे प्रयासों का विवरण पेश किया है। वास्तव में, उन्होंने अपनी तुलना कोलंबस तथा मेजिलान जैसे महान यात्रियों से की है, जो अज्ञात की खोज करने निकले थे। ब्रेवस्टर ने केपलर के बारे में लिखा है :

"केपलर में अदम्य उत्साह था और कुछ नया खोजने की आग उनमें सदैव सुलगती रहती थी। उन्होंने हर चीज के लिए कोशिश की। और, सफलता की थोड़ी-सी झलक मिल जाने पर वह पूर्ण सफलता के लिए कोई भी कोशिश बाकी नहीं रखते थे। उनके कुछ प्रयास सफल रहे – अनेक असफल रहे ! जो प्रयास असफल रहे वे आज हमें कपोल-कल्पना जैसे लगते हैं। परंतु जो प्रयास सफल रहे वे हमें सर्वशक्तिमान लगते हैं। ... जिसका अस्तित्व था उसे खोजने में सफलता मिली और जो केवल कल्पनाएं थीं उन्हें खोजने में असफलता। परंतु सभी प्रकार की खोजों के लिए उन्होंने एक-सी ही शक्ति लगाई थी।"

केपलर की सबसे बड़ी खोज थी : ग्रहों की गतियों के बारे में उनके तीन नियम। विज्ञान के इतिहास में केपलर के इन तीन नियमों का चिरस्थायी महत्व है।

संक्षिप्त जीवनक्रम

जन्म : 27 दिसम्बर, 1571 ई.
पिता : हाइनरिख़।
माता : कैथरीन।
शिक्षा : 13 साल की उम्र में आडेलबर्ग के धार्मिक स्कूल में भर्ती। उच्च शिक्षा ट्यूबिंगेन विश्वविद्यालय में। 20 वर्ष की आयु में स्नातक।
1594 : ग्राट्ज में गणित के अध्यापक नियुक्त हुए।
1597 : 'ब्रह्मांड का रहस्य' ग्रंथ का प्रकाशन। बार्बरा से विवाह।
1600 : प्राग में ट्यूको ब्राए के सहयोगी नियुक्त हुए।
1601 : ब्राए की मृत्यु के बाद राजगणितज्ञ नियुक्त हुए।
1602 : 'नव तारा' पुस्तक का प्रकाशन।
1609 : 'नया खगोलशास्त्र' ग्रंथ का प्रकाशन। इसी ग्रंथ में ग्रह-गति के पहले दो नियमों की व्याख्या है।
1612 : सम्राट रुडोल्फ की मृत्यु के बाद प्राग से प्रस्थान। बार्बरा की मृत्यु। लिंट्ज में गणित के प्राध्यापक नियुक्त हुए।
1613 : सुसान्ना से दूसरा विवाह।
1615 : मां की मृत्यु।
1618 : ग्रह-गति के तीसरे नियम की खोज।
1619 : 'विश्व की संगति' ग्रंथ का प्रकाशन।
1624 : 'रुडोल्फीय सारणियाँ' का प्रकाशन।
1628 : सागान पहुंचे।
मृत्यु : 15 नवंबर, 1630 ई.।